엄마,
히말라야는
왜 가?

차례

굳게 믿는다.
엄마들의 목소리에 사회가 화답할 때
세상은 변할 거라고.

나   의
히 말 라 야 를
당 신 에 게
보 냅 니 다

어느새 달이 수십 번은 차고 기울었다. 히말라야로 떠나기 전날 밤, 잠자리에서 일곱 살 아이가 내 손을 꼭 쥐고는 속삭였다.

"엄마에게만 이야기하는 건데 요즘 자꾸 무서운 생각이 들어요."

아이를 토닥이며 고사리손을 그저 힘껏 잡아줄 뿐이었다. 몇 번을 여닫고서야 채워진 42리터와 70리터짜리 배낭 두 개도 나를 짓눌렀다. 건조하고 시리다는 히말라야의 겨울과 고산증세를 견뎌 낼 수 있을지 뒤늦게 두려움이 몰려오는 동시에 아이 걱정, 도움을 자처한 이들을 향한 고마움까지, 상념이 그 밤을 넘나들었다.

기어이 날이 밝았다. 아이는 유치원에 갔다가 돌아오면 엄마가 없다는 사실이 계속 실감 나지 않는 눈치였다. 엄마가 굳이 먼 곳까지 가서 산에 오르려는 이유 역시 여전히 납득하기 어려운 기색이었다.

"엄마는 금방 돌아와. 아빠, 이모, 삼촌, 할머니와 즐겁게 지내다 보면 시간 가는 것도 잊어버릴지 몰라. 엄마가 그때 '뿅' 하고 돌아올게."

나의 여행으로 아이 돌봄에 동원된 이들의 숫자를 헤아려 보다가 먹먹함을 느낄 새도 없이 준비를 서둘렀다. 이부자리와 벗어둔 옷가지를 정리하고, A4용지 3장 가득 기록해 둔 전달사항과 냉장고 속 음식들을 다시 확인한 뒤 배낭을 짊어졌다. 출발 준비부터 챙길 것투성이인 서른 중반의 엄마는 그렇게 일곱 살 아이를 두고 히말라야로 떠났다. 엄마가 되고 처음으로 혼자 나선 여행이었다.

홀로 여행하는 여성은 더 이상 새롭지 않다. 여성 출국자 수는 2017년 남성 출국자 수를 앞질렀다. 여성이 여행 산업을 좌우한다는 표현도 흔하다. 그러나 여행하는 여성을 향한 시선은 변함없이 부정적이고 편향적이다. 여성의 여행기가 온라인 공간에 게시되면 꼭 악성 댓글이 달린다. 남성의 여행은 모험과 동경의 대상이 되지만 여성의 여행은 무분별하고 무모하다는 평가가 많다. 독자적이고 주체적인 여성을 경계하는 가부장적 문화와 여성 혐오, 여성의 여행 경험이 사회문화적 자본이 되는 것을 경계하는 시선 등이 더해진 탓이다. 그렇다면 기혼 유자녀 여성은 어떨까?

"아이는 어떻게 하고 여행을 가요?"
"남편이 허락은 해 줬어요?"

곧장 질문이 쇄도한다. 기혼 여성에게 향하는 잣대와 엄마에게 요구되는 모성의 무게가 일시에 더해진다. '엄마이기에 앞서 본연의 나'로 서고 싶다는 욕망은 사회적 저항은 물론 자기검열을 거치는 과정에서 소거되기 쉽다. 그래서 엄마에게 여행은 육아의 연장선인 가족여행에서 그치기 일쑤다. 임신 기간에는 '태교' 여행 꼬리표가 붙고, 여행지는 괌, 다낭, 오키나와, 세부 같은 휴양지를 선호하며, 여정 대부분을 리조트 중심으로 계획하는 이유를 들여다봐도 알 수 있다. 나도 마찬가지였다. 이전에는 나에게 집중하기 위해 여행을 떠났다면 가정과 아이가 생긴 이후의 여행은 엄마 역할에 충실해지려는 일상과 별반 차이가 없었다. 하지만 엄마에게는 누구보다도 여행이 필요하다.

아직 가보지 못한 곳을 탐색해서 이동하려는 본성이 인류를 오늘에 이르게 했듯이 인간이란 자신이 도달할 수 있는 영역이 위축되면 본성적으로 갑갑해 하고, 화살표를 몸과 마음에 늘 품고 사는 존재라고 했다.

엄마가 되면 '나만의 영역'은 점점 사라지고 포기하는 것들은 계속 늘어난다. 눈앞에 놓인 연약한 존재가 삶의 최우선이 되고 시간과 에너지의 대부분을 이를 돌보는 데 쓰자니 어쩔 수 없었던 선택과 집중의 결과다. 여태 고수해 온 자기 관리 기준은 내려놓아야 한다. 임신, 출산, 육아로 인한 변화는 외모에서부터 도드라지지만 되돌리기엔 물리적 여유도, 의욕도 부족하다. 탈코르셋과는 다른 의미에서 외모에 신경을 쓰지 못한다.

의지가 아니라 상황이 몰아간다. 일단, 몸이 바뀐다. 임신하는 순간 체형은 변하고 가슴과 뱃살이 늘어진다. 설령 출산 이후 몸무게가 이전으로 회복한대도 골격이 달라져서 예전 옷이 맞지 않는 충격을 경험한다. 머리숱은 뭉텅뭉텅 빠지는데 별 대책은 없다. 빠질 만큼 빠지기를 기다리는 일뿐. 푸석해진 얼굴에는 기미까지 슬금슬금 내려앉는다. 항상 잠이 부족하고 체력

이 떨어진다. 뼈와 장기가 한바탕 뒤틀린 뒤 제 자리를 찾아가
는 동안 마디마디가 쑤신다.

그러는 사이 취향은 사치가 되고, 사회적 언어와 연결망이
손실되는 전철에 자신도 탑승했음을 알아차리게 된다. 자기관
리 기준이 엄격하고 높았던 사람일수록 이 시기는 더욱 힘이 든
다.

> "엄마가 되는 건 중병을 앓는 것과 같아. 모든 사람이 다 그 병
> 을 이겨낼 수는 없지. 아주, 아주 힘든 일이야."
>
> - 드라마 〈마더〉

대신 엄마는 불안을 얻고, 불안과 싸운다. 아이의 성장 과정
은 예측 불가능하다. 그러니 최대한 안온하고 안전한 양육환경
을 만들기 위해 위험요소를 줄이려 애를 쓴다.

한국처럼 사회 불안 수준이 높고 공적 돌봄 체계가 빈약해서
구성원들이 '각자도생'에 내몰릴수록 이 같은 경향은 두터워진
다. 휴전과 분단으로 전쟁 위협이 상존하는 안보 불안, 전 세계
적인 기후 위기와 사스, 신종플루, 메르스, 코로나바이러스 감
염증 등 신종 유행성 전염병, 국가 돌봄의 부재로 세월호 참사

같은 비극이 더해지면서 엄마의 어깨는 더욱더 무거워졌다. 양육을 책임지고 아이를 보호해야 하는 존재이므로 어떤 위기 상황에서도 굳건해야 한다는 자기 욕심, 이를 강요하는 사회적 분위기도 감당해야 한다.

취향은 물론 일을 내려놓고 사회적 성취 욕구마저 포기하는 엄마의 결단은 이러한 불안을 줄이려는 노력의 하나가 된다. 코로나 19 감염 우려가 확산되고 사태가 길어지면서 돌봄 대안이 마땅치 않은 많은 엄마들이 직장을 관두는 상황 역시 현재 진행형이다.

나는 더는 불안해지고 싶지 않았다. 불안을 피하려 애쓰기보다 오히려 불안한 상황에 나를 놓아 보기로 했다.

불안하지만은 않겠다는 결심은 무엇부터 할 수 있을지에 대한 적극적 고민과 실천으로 이어졌다. 예측할 수 없는 상황은 무력감을 안기지만, 소소하더라도 어려움 속에서 스스로 할 수 있는 것을 결정하고 헤쳐나가는 연습이 힘을 키워줄 거라 기대했다. 그 동력으로 엄마들이, 누군가를 돌보는 이들이 불안해하지 않아도 되는 사회를 만들고 싶었다.

아이는 미치도록 사랑스러웠다. 보고 또 봐도 좋았다. 하지만 사랑이 커질수록 상처받고, 원망에 빠지기도 했다.

육아(育兒)와 육아(育我). 아이와 함께 나 역시 성장할 계기가 필요했다. 자신을 살피는 마음과 타인(아이)을 살피는 마음 사이에서 적절히 균형을 찾아야 했다. 그래야 과도한 자기중심성과 강박적인 보살핌 두 극단에 빠지지 않을 수 있다고 생각했다. 아이를 포함한 나를 둘러싼 환경과 적당한 심리적, 물리적 거리가 절실했다. 아이의 초등학교 입학 전이 적기였다. 혼자 여행을 떠나기로 했다.

결심에는 숙성 기간이 필요했다. 여성들의 여행 커뮤니티와 '기억의 시간을 걷다' 라는 기획을 선택하고 여름부터 겨울까지 세 계절이 지나는 동안 준비를 다졌다. 여행이 공정성을 가질 수 있을지에 대한 고민부터 네팔에 대해 익히고 나누는 시간도 여러 차례 가졌다. 대전과 서울에서 두 차례 산을 올랐다.

2017년 1월, 마침내 지진 피해의 아픔을 가진 네팔의 랑탕 계곡으로 향했다. 혼자인 동시에 함께 하는 여정이었고, 엄마 정체성을 잠시라도 탈피하고 싶었던 여성으로서 도전하며 연대를 확인하는 여행이었다. 또한, 여행지를 보다 존중하고 현지에 도움을 주고자 노력한 공정여행이었다. 지진으로 상처받은 이들과 마을에 위로를 건네고, 세월호 참사 1,000일을 추모하며 자신을 돌아보는 과정이었다.

가족, 그중에서도 특히 아이와 떨어져 오직 나로 존재하는 경험이자 재사회화 과정이었다. 엄마의 이름을 뗀 채 나를 소개하던 순간은 빈약했지만 얼얼했고, 가슴속이 간질거렸다. 그간 굳고 얼었던 몸을 녹이려는 불쏘시개처럼 열망의 불을 붙였다.

경험은 소중했지만 이를 글로 풀어내는 일에는 용기가 필요했다. 일단, 고난과 극복의 서사로 인용하기에 랑탕 트레킹은 조금 민망하다. 고산 증상을 극복하며 춥고 험한 히말라야 트레킹을 해내기란 힘이 든다. 그러나 소위 이야기가 될 정도로 험난한 트레일과 트레킹에 비하기에는 어렵다. 영화 〈와일드〉의 배경인 미국의 퍼시픽 크레스트 트레일(Pacific Crest Trail, 미국 3대 트레일 중 하나로 멕시코 국경에서 캐나다 국경까지 미국 서부를 종단하는 길)은 아홉 개 산맥과 사막, 황무지를 거쳐 최소 152일은 걸어야 하는 4,285km 여정이다. 몇 년에 걸쳐 히말라야 횡단 트레킹을 완주하는 이들도 있다. 반면에 랑탕 트레킹은 히말라야 트레킹 가운데서도 중급 난이도의 길이다. 걷는 기간 일주일, 해발고도 5,000m까지 오른다.

괜찮은 여행 안내서를 내놓겠다는 목표도 없었다. 자랑스레 내보일 만큼 네팔과 히말라야에 해박하지 않고 고산 트레킹에 능숙하지도 않다. 직접 경험하는 것을 뛰어넘을 글과 사진, 영상은 존재하지 않는다는 생각도 있다.

다만 '이야기'가 있었다. 모든 여행은 저마다의 경험 속에서 이야기를 남기니까. 그렇게 나의 이야기가 누군가에 닿기를 바랐다. 세상의 지붕을 자처하는 설산과 그 속에서 살아가는 사람들, 여행하는 여성들과 이들을 통해 바라본 연대의 가능성, 걷는 동안 울고 웃으며 변화를 갈망했던 어느 엄마의 노력과 희망이 엿보이면 좋겠다.

> "이야기를 썩히면 죄가 된다. 우리 자신의 경험에 충실하지 못한 죄, 행복하고 의미 있는 경험을 망각의 강으로 떠내려 보낸 죄, 그리고 다른 사람들에게 여행이라는 극진한 경험을 부추기지 못한 죄 말이다."
>
> - 김명철, 《여행의 심리학》

항상 글이 고팠다. 글을 쓰는 동안 달콤했지만 괴로웠다. 글에는 마감이 있어도 돌봄은 그럴 수 없기에 '엄마의 문지기 역할'과 감정노동에서 허덕였다. 아이를 입히고 먹이고 씻기고 재우는 일은 한없이 규칙적이고 반복되면서도 늘 변수가 따라붙었다. 마음이 상처받고 힘들면 세심히 살펴야 했고, 몸을 다치면 간호하는 동안 내 몸도 함께 묶였다. 학교 알림장과 과제를 확인하고 방과 후 수업이나 그밖에 빼먹지 말아야 하는 일정과 준비물을 챙기는 것도 항상 내 몫이었다. 노년에 접어든 양가 부모님의 건강과 정기 병원 검진, 잦은 출장과 업무 스트레스로 소진되어감을 호소하는 배우자의 몸과 마음도 들여다봐야 했다.

상근 활동가가 아니어서 매일 출퇴근을 하진 않았지만, 공동 대표로서 당면 의제들을 파악해 단체 입장을 담아내거나 논의 사안들을 실시간으로 들여다보며 회원들의 목소리를 듣고 의견을 더하는 일도 빼놓을 수 없었다. 만성적인 어깨통증, 수면 부족, 운동 부족, 영양결핍이라는 삼중고에 더해 몇몇 질환이 의심된다는 정기 건강검진 결과지를 앞에 두고도 병원에 다녀올 틈을 내지 못했다. 그렇게 원고 쓰는 일은 매번 후순위로 밀렸다.

궁둥이를 붙이는 시간과 힘으로 글이 쓰인다면 나는 자격 미달이었다. 의자에 오래 앉아 있기 힘들었다. 동시에 여러 일을 처리하며 살다 보니 어쩔 수 없다고 변명해보지만, 몰입해야 하는 글쓰기에서는 능률이 떨어졌다.

햇살이 좋은 날 밖으로 나가 한없이 걷고 싶은 마음도 누르지 못했다. 사람을 좋아하니 오지랖도 부렸다. 내 발등에 불이 떨어져도 신경 쓰이는 사람이나 일을 먼저 해결해야 마음이 편했다. 참고할 책을 찾으려다 얼떨결에 책장을 정리하는가 하면, 빨래를 개다가 문득 옷장을 청소하기도 했다. 철 지난 옷을 끄집어낸 김에 작아진 아이 옷을 꾸려 친구들에게 보냈다.

이렇듯 수많은 변명 더미 속에서 새벽의 힘으로 글을 썼다. 모두가 잠들어 사위가 조용해지고 이따금 울리는 구급차 사이렌 소리와 학원을 거쳐 공부방에서 귀가하는 학생들의 대화를 배경 삼아 적어갔다. 단어와 문장을 고르며 설레고, 서글펐다. 그 시간이 너무 짧고 귀했으므로.

평범한 엄마가 던지는 불편한 이야기가 누군가에겐 배부른 소리로만 머무르지 않을까? 여전히 고민하고 반문한다. 사회적 민감도 99%의 기질을 지닌, 스스로 확신하지 못한 글은 속도를 내지 못했다. 엄마를 향한 잣대를 바꾸고 규정을 전복시키고 싶다고 말해왔지만, 오롯이 나를 내보이는 일은 또다른 다짐이 필요했다.

엄마들이 있어 힘을 냈다. 아이를 잃고 투사가 되어야만 했던 전태일 열사의 엄마, 김용균 씨 엄마, 태호 엄마, 민식 엄마, 해인 엄마, 한음 엄마, 하준 엄마, 세월호의 엄마들까지 세상을 향해 외치는 엄마들이 늘고 있다. 더는 아이(자식)들을 허망하게 떠나보내지 않고, 엄마들이 투사가 되지 않는 사회를 위해 할 수 있는 가장 가까운 일부터 시작하기로 했다. 가장 개인적인 것이 가장 정치적임을 '82년생 김지영'이 보여줬듯이 각기 다른 엄마들을 공통적인 어려움에 당면하게 만드는 사회는 이제 바뀌어야 한다.

굳게 믿는다. 엄마들의 목소리에 사회가 화답할 때 세상은 변화할 거라고. 누군가에게 빌린 이 문장으로, 길게 열었던 말을 맺고 싶다. '나의 없음'으로 당신에게 가기 위해 썼다.

01

산   감 수 성

"왜 꼭 히말라야에요?"

남편이 그랬듯 히말라야를 가겠다면 대부분 이렇게 물었다.
굳이 히말라야인 이유가 궁금하다고 말이다. 그때마다 '이심전
심' 퀴즈가 떠올랐다. 같은 질문에 동시에 대답을 내놓아서 마
음이 통하는지 시험해보는 놀이다.

"산과 바다 중 하나를 고른다면?" 내 대답은 산이다. "바다는
답답하고 산은 시원해서."라고 이유를 대면 오히려 그 반대가
아니냐고 고개를 갸우뚱하는 반응이 돌아왔다. 나는 끝이 보이
지 않는 수평선이 막막하다. 깊이를 알 수 없는 검은 바다는 공
포의 대상이다. 반면 산은 제아무리 높아도 아래에서 올려다보

면 끝이 가늠된다. "바다에 빠지면 산 사람도 죽지만 산에 빠지면 죽을 사람도 살아난다." 〈나는 자연인이다〉에 나온 어느 출연자의 시각에 온전히 공감한다.

산은 높지만 넓고, 거칠듯하지만 많은 것을 내어주는 푸근한 존재다. 깊고 험할수록 가는 길은 더뎌도 정상에 오르면 가슴이 절로 트였다. 굽이치는 능선과 마을, 길, 논, 강이 한눈에 담기기도 한다.

나는 산마을에서 줄곧 자랐다. 고향처럼 애틋하고 아릿한 심상이 산에 남아있다. 남편과 결혼을 결심한 뒤 부모님께 첫인사를 가던 날. 집에 거의 다다랐을 무렵 갑자기 고라니 한 마리가 산에서 도로로 뛰어나왔다. 태어나 처음으로 고라니 실물을 봤다는 남편은 운전대를 잠시 놓칠 만큼 놀란 모양이었다. 한참 뒤 안정을 찾은 그가 말했다. "이제 보니 당신이 자란 곳은 농촌이 아니라 산촌이었구나!"

산촌은 겨울에도 쉼이 없다. 부모님도 겨울 산에 기대었다. 아버지는 매일 아침 동이 트면 바로 칡을 캐러 뒷산으로 갔다. 동한기 유일한 생계 수단이었기 때문이었다. 점심 도시락은 내가 날랐다. 처음에는 오빠가 배달 담당이었다. 슬슬 게으름을 피운 건지 한창 공부할 오빠를 배려한 건지. 언젠가부터 어머니가 쥐여 주는 도시락을 들고 내가 산에 올랐다.

한낮에도 겨울 산속은 어두웠다. 컴컴한 숲이 무서워질 무렵이면 목청껏 아버지를 불렀다.

"아빠, 어디 있어?"
"누구? 운희가? 내는 여기 위에 있다!"

몇 차례 고함 속에서 대화를 주고받다 보면 칡넝쿨을 따라 파놓은 구덩이들이 모습을 드러냈다. 추운 날에도 땀을 뻘뻘 흘리며 일한 아버지는 이미 식어버린 밥을 항상 맛있게 드셨다. 오늘도 막내 덕에 끼니를 굶지 않는다며 웃어 보이는 일도 빼놓지 않았다. 그리고는 손가락 끝으로 산 능선과 떠나온 고향을 짚어주곤 했다.

"운희야, 보이냐? 저기가 우리 고향이 있는 가야산 아이가."
"응, 아빠 보인다, 보여. 엄청나게 머네."
"우리 딸 좀만 더 크면 아빠랑 지프차 타고(그때 아빠는 차도, 운전면허도 없었다) 고향에 같이 가보자. 찔레꽃 붉게 피는 남쪽 나라 내 고향~."

산에서 시작해 그리움으로 이어지는 이야기 속에서 나는 서 있는 자리와 떠난 자리를 새겼다. 아버지와의 기억 덕에 산은 무섭지만 푸근하고 그리운 존재로 남았다(이렇게 말하면 아버지와 내가 사뭇 애틋한 사이처럼 비칠지도 모르겠지만 그는 아직도 "아들도 한 명 낳아야 한다."는 말로 분노와 생채기를 동시에 일으키는 존재이기도 하다).

공부는커녕 숙제 걱정도 없이 산을 타며 뛰어놀던 아이가 이제 그만한 나이의 딸을 둔 엄마가 됐다. 기억은 추억이 되고 경험은 교훈처럼 박혔다. 이제 아이에게 이야기한다. "그때부터일 거야. 엄마는 외롭게 힘이 들면 항상 산에 갔어. 허벅지 근육이 끊어질 듯 당기고 땀이 흘러내려 등을 적실 즈음 마음이 한결 가벼워지거든."

산에 얽힌 기억은 또 있다. IMF는 우리 집에도 들이닥쳤다. 형제자매는 제각기 학업을 중단했다. 고등학생이던 나는 학교는 다녔지만, 학비는 물론 문제집값조차 입 밖에 꺼내기가 버거웠다. 부채, 상환일 같은 단어가 일상에 스며들었다.

처음엔 무거운 집안 공기를 벗어나고 싶어 길을 떠났다. 《나의문화유산답사기》한 권을 들고 영주 부석사로 향한 날이 처음이었다. 그때부터 대중교통으로 닿을 수 있으면서 사찰을 품고 있는 산을 찾기 시작했다. 무궁화호 기차와 버스를 번갈아 타는 일이 많았다. 간신히 교통비만 챙긴 길이었기에 배고픔이 밀려와도 어쩔 수 없었다. 다행히 산속 작은 암자들은 어리숙했던 내게 기꺼이 공양간을 열어주었다. 갑자기 비가 쏟아진 날, 여분의 우산이 없음을 안타까워하며 김장비닐을 길게 잘라 "쓰고 가라."고 내어주기도 했다. 파출소 순찰차를 얻어 타고 도로 중앙선을 넘은 끝에 간신히 기차에 오른 적도 있다. 도움을 요청하면 선의로 답하는 이들이 많았다.

가장 힘들었던 시기에도 세상을 긍정할 수 있었던 힘 역시 산으로 향하던 걸음에서 비롯됐다. 미래는 손끝에 잡히지 않고 대신 자꾸 위축되기만 했던 취업준비생 시절에도 꼬박꼬박 산에 갔다. 땀 흘리며 몸을 움직이는 동안 잡념은 사라졌고 그렇게 붙은 근육이 좀 더 견딜 힘을 주었다.

임신 사실을 알고 태명으로 '산'을 떠올린 이유도 그래서였다. 아이에게 가장 친근하면서도 중요한 존재를 이름으로 주고 싶었다. 아빠 성을 따라 쓴다면 '김산'이 될 터였다. 김산은 님 웨일스의 《아리랑》에 등장하는 혁명가 장지락의 가명이다. 그는 '김산'이라 이름에 대해 "김은 조선인 중 가장 많은 성씨이고, 내가 요즘 산처럼 동요하지 않고 살아야겠다는 생각을 갖고 있어서."라고 설명했다. 작명 이유까지 내 마음에 쏙 와 닿았다. 아이가 산과 같은 사람이 되길 바랐다. 내가 자란 고장의 옛 이름이 '김산'인 점도 절묘했다. 변수는 자식이 평탄한 삶을 살기를 바라는 부모의 마음. '김산'의 삶이 너무 기구하지 않느냐는 남편 말이 도화선이 되어 결국 태명으로밖에 쓰지 못했다.

히말라야를 가겠다고 마음먹은 것도 '산'에 대한 애정과 열망이 시작이었다. 고산 등정이 신화의 세계에서 벗어나 인간 영역의 한계를 넓혀가려는 시도에서 비롯되었듯, 히말라야는 태고의 산을 향하고픈 사람들의 오랜 욕망이었다. 많은 이들이 막연하게 '언젠가'를 꿈꾸며 삶 한쪽에 히말라야 등반을 버킷리스트로 놓아두는 것처럼 나 역시 회사를 그만두고 가장 먼저 히말라야부터 떠올렸지만 바로 실행하지는 못했다.

히말라야가 다시 마음에 들어선 것은 삶의 돌파구를 찾고 싶은데 답은 보이지 않을 때, 아이와 거리 두기가 필요하다는 생각이 들 무렵이었다. 그리고 친구가 곁을 떠난 지 10년이 되던 해였다. 히말라야. 내가 알고 있는, 그리고 내 발이 닿을 수 있는 하늘과 가장 가까운 곳. 친구와 약속한 땅에서 그간 꾹꾹 눌러 온 슬픔을 직면할 준비를 했다. 히말라야에 올라 못다 한 이

별의 말을 전하고 싶었다.

친구의 갑작스러운 죽음은 여태껏 살면서 경험한 가장 큰 상실이었다. 친구가 떠난 세밑 무렵, 세상은 늘 들떠있지만 나는 어김없이 찾아드는 우울과 죄책감을 떨치지 못해 한없이 가라앉곤 했다. 스물여섯이었다. 스물여섯은 한참 자신이 하고 싶은 일을 해 나가야할 나이였다. 예쁜 사랑도 할 나이였다. 그러나 내게 스물여섯이란 영원히 잊히지 않을 가슴 아픈 나이로 박혔다. 얼마 전 같은 나이의 여성 연예인이 세상을 등졌다는 소식을 들었을 때도 며칠 동안 다시 잠들지 못했다.

그날은 친구와 만나기로 한 날이었다. 취업준비생으로 살며 시간도 돈도 없던 나를 친구는 살뜰히 챙겨주었다. 꾸미고는 싶은데 그럴 형편은 못 되는 처지를 헤아려 자기 집으로 데려가 밥을 먹이고 옷을 내어줬다. 하루는 친구가 물었다.

"너는 대학에 가면 가장 먼저 어디로 여행을 가고 싶어?"
"히말라야. 한국 여성 최연소 히말라야 등정, 이런 거 멋있잖아."
"등산은 진짜 별론데. 그래도 네가 간다면 한 번 같이 가보고 싶다."

각자 다른 지역의 대학에 진학한 뒤에도 그리움과 응원을 담아 편지를 보내오는 친구 덕에 쉬이 적응해 나갈 수 있었다. 갑작스레 여행을 가고 싶다는 요청에도 선뜻 동행해 주는 친구가 있어 든든했다.

그랬던 친구가 오랜만에 나와 만나기로 한 날 스스로 죽음을 선택했다는 사실을 나는 도대체 어떻게 받아들여야 할까.

이유를 알고 싶었지만, 답해줄 친구는 없었다. 알 수 없는 대상을 향해 분노하고 부정하다가 결국 혼절한 나는 발인도 보지 못했다. 부모님은 "억울하게 죽은 혼은 가장 친한 이에게 머문다."며 내 걸음을 막아섰다.

너는 나를 가장 친한 친구로 여기기는 했던 걸까.

친구의 아픔을 미처 알아차리지 못한 부채감과 마지막을 함께 하지 못한 미안함으로 내가 선택한 것은 그 몫만큼 대신 살아내겠다는 다짐이었다.

한 달 뒤 신문사 기자시험 최종 면접에서 "최근 가장 슬펐던 일이 무엇이냐."는 질문이 나왔다. 갑작스레 통곡하며 모두를 당황하게 만들고도 합격했을 때부터, 나는 친구가 지켜보고 있다고 여겼다. 결혼하고 임신과 출산 과정을 거치는 동안 힘에 부칠 때도 역시 친구를 떠올렸다.

그리움은 극복되지 않고 그저 삭이는 것임을 이제는 안다. 그래서 갈 수 있다면, 할 수 있다면 히말라야에서 친구 이름을 부르며 부채감과 이별 해야겠다고 다짐했다. 사랑하는 친구의 부재를 견뎌야 했고, 그가 나를 필요로 했을지 모르는 순간 내가 없었을 부재의 시간 역시 괴로웠다.

십년 동안이나 힘들게 소환됐지만 정작 나는 제대로 애도하지 못했던 친구에게 또 다시 미안함을 전하며. 지연된 애도로 이제는 너를 서럽게만 부르지 않겠다는 약속을 하기 위해서.

히말라야에 가야 할 이유는 차곡차곡 쌓여갔다.

02

장 벽 을
넘 어 서 는
그 녀 들 을
위 하 여

히말라야에 대한 오랜 바람을 실행하겠다고 마음
먹고 계획을 세우고 현실로 옮기기까지 만만치 않은
장벽을 맞닥뜨렸다. 엄마 혼자만의 여행, 자체가 그랬다.
아이가 어려서 주 양육자의 돌봄이 절대적으로 필요하거나 이
를 도맡아줄 이가 주변에 없는 경우라면 여행은 상상만으로도
버거울 것이다. 나와 같은 상황에 부닥칠 '여행하려는 엄마들'
을 위해 나는 무엇을 극복해야 했는지 떠올려 봤다. 작전에 부
디 도움이 되기를 바란다.

자꾸 묻는 사람들, 미약한 지지 세력

트레킹을 신청하고 꽤 여러 날이 지났을 무렵 랑탕 트레킹 인솔자 중 한 명에게 연락이 왔다. "선생님, 정말 가실 수 있나요? 신청했던 한 분이 오늘 아이 때문에 아무래도 어렵겠다고 연락이 왔어요. 선생님도 자녀가 아직 어리다고 했죠?" 여행을 책임진 입장에서 세심하게 상황을 대비하려는 마음은 충분히 이해(하려)했다. 그러나 슬그머니 마음 한구석이 뾰족해졌다.

내가 그렇게 확신을 못 줬을까?
다른 이들에게도 이렇게 확인을 한 건가?

누구에게나 생길 수 있는 변수를 굳이 나에게만 확인하려 드는 것. 배려라고 쓰고 차별이라고 읽고 싶은 마음이었다. 계속해서 반문하는 주변 반응에 이미 지쳐있었기 때문일지도 모르겠다. "정말요? 히말라야를 간다고요? 그동안 애는 누가 보고요?" "아니 굳이 왜 그렇게 힘든 곳을 가려고 해요?" 심지어 "남편이 허락을 해줘요?"라고 묻는 이들도 있었다.

친구들 역시 "대단해, 응원해"라고 말했지만 뜬금없어하는 기색이었다. 육아에 지쳐있기는 마찬가지여서 장기간 여행을 떠나는 친구는 부러울 수 있지만 히말라야 트레킹은 선망할만

한 휴양지나 여행방식은 아니다. 오히려 산악을 전문적으로 하던 여성들도 육아와 가사를 도맡으면서 산을 포기하는 현상이 뚜렷했다. 에베레스트 등정에 성공한 이들 중 남성 비율이 압도적으로 많다는 통계 조사도 이 같은 인식을 부풀렸으리라.

그러니까 나의 여행은 "요즘 힘든 일 있어?" 하는 조심스러운 질문을 수반하게 만드는, 생의 전환점 혹은 특별한 선택지처럼 여겨졌다. 그래서 사람들은 자꾸 내게 질문을 던졌다.

가족 역시 출발 일까지 걱정을 늘어놓았다. 간신히 남편과 아이에게 동의와 이해를 받아냈더니 다음 타자로 부모님이 기다리고 있었다. 부모님에게 나는 물가에 내어둔 막내딸일 뿐이었다. 그렇게 위험한 곳에 굳이 왜 가려고 하는지를 걱정했고 "아이를 두고 어떻게 하려고 하느냐."는 우려가 이어졌다. 평소에도 걱정 많은 분께 2주의 트레킹이 던진 근심거리는 상상 초월이었다. "말만 히말라야이지 실상은 한국의 산보다는 수월하게 길을 걷는 일"이라고 안심시켜드려야 했다.

아울러 나는 다른 이의 희생이 담보돼야 나의 시간을 확보할 수 있는 처지였다. '여성이 돌봄의 무게를 덜기 위해 또 다른 여성을 갈아 넣어야 하는 구조' 그대로였다. 억울했다. 해외 출장이 잦은 남편은 갑작스레 일정이 생기더라도 아이 돌봄 문제로 업무에 차질을 겪은 적이 단 한 번도 없다. 물론 그도 마음은 불편하겠지만 어떻게든 내가 감당해 낼 것이란 것을 우리 모두 알고 있었다.

나의 여행은 달랐다. 언니가 나 대신 아이를 돌봐주겠다고 손 내밀지 않았다면 불가능했다. 새벽에 출근하고 해외만큼 국내 출장도 잦은 남편이 2주 동안 혼자 아이를 돌보는 상황은 아예 상상도 하지 않았다. 동생인 나를 위해 자기 일과 시간을 포기한 언니 마음을 알기에 한없이 미안했다.

여행을 '일'로 바꾸면 달라질까. 일과 여행의 차이로만 설명될 수 없는 성 역할의 고정관념, 노동시간과 환경 등은 만만치 않은 허들이다.

결정적으로 아이의 컨디션이 주요하다. 아이가 아프면 꼼짝할 수 없는 게 양육자의 운명. '당장 집을 나서야 하는 데 아이가 열이 펄펄 끓기라도 한다면?', '아픈 아이가 가지 말라고 원망하거나 슬퍼한다면?' 그런데도 의연하게 문밖으로 나설 수 있을지 상황을 몇 번이고 그려보며 자문해야 했다.

우려했던 현실이 닥친다면 흔들리지 않을 자신이 없었다. 하지만 미리 겁먹지 말자고 다짐을 반복했다. 그리고 모두에게 거듭 답했다. "그럼요. 저는 갈 준비가 됐어요. 물론 아이와 주변인들도 잘해낼 거라고 믿고요."

경제적 부담

육아를 이유로 직장을 그만두고 남편 근무지인 서울로 이사하며 곧바로 직면한 문제는 가정 경제를 원만히 꾸려가는 일이었다. 변수는 크게 세 가지였다. 맞벌이에서 외벌이로 바뀐 점, 그래서 소득은 줄었는데 주거비 부담은 늘어난 점, 이사한 동네에 국공립 어린이집이나 공립유치원 자리가 없어 아이가 사립유치원에 가게 된 점이었다. 부담은 몇 곱절 늘었다. 최대한 예측 가능 범위로 지출을 제한했다. 마이너스 통장을 만들지 않고, 비정기 소액 저축이라도 할 수 있으면 다행이라 여겼다. 수백만 원을 들여 나 혼자 여행을 갈 만큼 넉넉한 형편이 결코 아니었다.

특히, 히말라야 트레킹은 돈, 시간, 체력이 맞아떨어져야 가능했다. 트레킹을 가겠다고 선언한 이후에도 머릿속에선 기회비용이 계속 맴돌았다. 그 돈으로 할 수 있는 일들이 차례차례 떠오르고 죄책감과 불편함이 떨쳐지지 않았다. 아이가 자랄수록 '육아는 체력'임을 체득했으면서도 건강을 돌보기 위해 헬스

장을 등록하는 일조차 돈 때문에 고민하던 시기였다. 꼭 그렇게 아등바등 살아야 했던가. 나름의 이유는 이랬다.

사회는 나와 같은 소위 경력단절 여성이나 전업주부를 향해 '소비만 있고 생산은 없는 삶'이라고 규정했다. 나름 이해할 거라고 여겼던 주변 사람들도 사직한 나를 위로한답시고 "일 안 하고 남편 카드로 살아서 편하겠다."는 말을 툭툭 내던졌다. 동네 단골 목욕탕에서 때를 밀어 드리며 안면을 튼 할머니들조차 "아기 엄마는 집에서 노느냐?"고 물었다.

바깥 시선을 내재화하는 기간은 생각보다 금방이었다. 남편은 항상 자신의 사회적 지위와 임금 소득은 우리가 함께 획득한 것임을 내세웠지만 그렇다고 그게 내 것은 아니었다. '여행을 가는 행위'는 그러므로 시간을 확보하는 일 못지않게 세상과 나 자신에게 "스스로를 위해 그 정도 쓸 자격이 있다."고 용기 내는 것에서부터 시작해야 했다.

이후에도 돈 고민은 떠나지 않았다. 온라인 사이트를 샅샅이 뒤져 저렴한 경유 항공권을 구입하고, 트레킹에 필요한 배낭과 등산용품을 고민할 때도, 여행비용과 개인 용돈을 가늠해 달러로 환전하던 순간에도, 등반 중 로지에서 제공되는 식사 외에 추가 음식이나 음료를 주문하거나 따뜻한 물을 사며 돈을 다시

걷을 때도 늘 꼼꼼히 따지려고 애를 썼다. 다른 이들에게 나의
비루함을 들키지 않으려고 노력하면서.

추위를 타는 몸

'한랭 알레르기'라는 게 있다. 갑자기 차가운 환경에 피부가
노출되면 모기에 물린 듯 피부가 부어오르면서 간지럽다. 특히
얼굴에 두드러기가 올라오면 사람들 대하기가 꺼려지기도 한
다. 나는 부계 유전으로 한랭 알레르기를 가졌다. 증상은 심하
지 않았고 성장하면서 그마저도 대부분 사라졌지만 그래도 겨
울에는 긴장한다. 추위도 많이 타서 한파가 몰려오면 바깥 외출
을 조심한다. 누군가는 한여름에 태어나 겨울을 싫어하는 거라
고 말했고 누군가는 체질이라고도 했다. 나는 생애주기별로 아
픈 경험이 더해졌기 때문이라고 이야기한다.

어려서는 눈·비가와도 왕복 이십 리(8km 정도)를 걸어서 통
학하는 게 당연했다. 고등학교 때 인근 사찰 불교학생회에서
'이웃돕기 바자회'를 열기로 했는데 폭설로 그만 도로가 꽁꽁
얼어붙었다. 버스도 끊겨 아버지가 차로 데려다주겠다며 나섰
지만 길이 미끄러워 무척 위험했다. 아버지는 집으로 돌아가자

고 했으나 약속을 지키고 싶었다. 결국 차도 다니지 않는 도로를 코트 하나 걸친 채 2시간 넘게 걸었다. 도착할 무렵 얼굴에 약한 동상이 걸려 한동안 고생을 했다.

대학 졸업을 앞두고 방송국 동아리 친구들과 스키장에 갔다가 또 동상에 걸렸다. 생전 처음 타는 보드였다. 좀체 실력이 늘지 않는 나를 강사와 친구들이 포기했고, 오기가 나서 혼자 슬로프 정상부터 아래까지 걸어 내려오다 벌어진 일이었다. 이렇게 '추위에는 무리수를 두지 말자'라는 교훈을 얻었다. 그런데한국의 한파가 아니라 여태껏 경험하지 못한 히말라야의 눈과추위 속으로 기꺼이 걸어가야 하는 길이 나를 기다리고 있었다.

언제 다 마련하지, 준비물

겨울철 히말라야 트레킹을 가려면 준비해야 할 것이 많다.우선 풍토병에 대비하기 위한 독감 예방접종은 물론 장티푸스,광견병, B형간염 예방주사를 차례로 맞았다. 기본 등반용품을구비할 때는 한파와 함께 눈이 내릴 상황에도 대비했다. 상·하의 발열 내의와 습기가 빨리 마르는 기능성 속옷, 방한용 등산복 바지 두 벌, 등산 티셔츠 두 벌, 보온을 위한 패딩 조끼와 바

람막이 점퍼, 경량 패딩 점퍼, 후리스 점퍼, 방한용 롱패딩 점
퍼, 목을 보호하는 넥워머, 보온용 털모자와 귀마개가 달린 모
자, 털장갑과 방한 장갑, 보온물통, 핫팩, 아이젠과 패츠, 선글
라스와 고글, 헤드 랜턴이 더해졌다. 스틱과 침낭은 현지에서
대여하기로 했지만, 혹시 몰라 얇은 침낭을 여분으로 챙겼다.

산에서 내려와 카트만두 시내를 돌아보는 여정도 있었기에
편한 신발과 일상복도 추가했다. 스틱형 커피, 견과류, 초코바
같은 보충식도 넣었다.

그리고 이들을 모두 담아갈 등산용 배낭 2개가 필요했다. 하
나는 내가, 하나는 포터가 짊어지게 될 용도였다. 준비물 대부
분을 새로 사야 했다. 용도별로 제품을 선별하는 노력과 발품,
비용부담이 이어졌다.

'체력 다지기'도 중요한 준비다. 최소 일주일 동안 매일 6시
간 이상씩 고산지대를 걸어야 하는 만큼 어느 정도 걷기와 등
산에 적응해둬야 한다. 누구도 대신해 주거나 도와줄 수 없다
는 비장함으로 이틀에 한 번은 반드시 걸어야겠다고 결심했지
만, 추운 날씨와 함께 아이의 겨울방학이 시작되면서 각오로만
끝나는 날이 잦았다. 결국 평소 비축해둔 체력을 믿어보기로 했
다. 미리 이야기하자면, 몸은 정직했다.

경유하는 저가 항공권

웬만하면 국적기의 직항 노선을 선호할 나이가 됐다. 관건은 항공권 가격. 비용을 최대한 아껴야 하니 저렴하면서도 일정에 크게 무리가 되지 않는 경유 노선을 찾아야 했다. 인천에서 광저우를 거쳐 카트만두로 가는 중국 항공사 비행 일정이 최적이었다. 돌아올 때는 광저우 공항에서 밤을 새워야 했지만 가는 길엔 공항 체류 시간이 3시간 정도라 만족스러웠다. 다행히 일행 여러 명이 같은 항공권을 선택해 무료함도 덜었다.

당일 비행기 안에는 승객이 꽉 찼다. 한국에서 중국까지는 여행객으로 보이는 이가 많았던 반면, 광저우에서 갈아탄 카트만두 행에는 귀국길에 오른 네팔 귀환 노동자들이 대다수였다. 소형 텔레비전 같은 가전제품을 저마다 하나씩 손에 든 이들에게서 묘한 흥분이 전해졌다. 승무원이 나눠준 물품 중 도무지 쓰임을 유추하기 어려운 것이 있었다. 청진기를 똑 닮았는데 알고 보니 헤드셋이었다. 긴장 속에서도 웃음이 났다.

공항에 도착하니 생각도 못 한 일이 기다리고 있었다. 여행 가방이 파손된 것이다. 비행기를 타고 다닌 이래 가방이 부서지기는 처음이었다. 일행들과 마중을 나온 가이드, 인솔자들이 공항 밖에서 기다리고 있었다. 마음이 급했다. 첫날부터 피해를 주고 싶지 않아 시간이 걸리는 보상 신청은 포기한 채 호객꾼들을 뚫고 공항을 빠져나왔다. 하필 파손 부위가 손잡이와 연결된 부분이었다. 트레킹 용품으로 꽉 차 무거운 가방을 낑낑대며 숙소로 옮겼다.

03

눈 맑은
존재들의
나라

다정하지만 부담을 주지 않으며 상대의 눈을 마주할 줄 아는 사람이고 싶었다. 마음을 열어 보이며 무해한 존재임을 증명하는 눈 맞춤은 각오로만 이뤄지지 않는다. 마음과 몸이 익어야만 가능하다. 눈빛에서 드러나는 일이다.

'눈이 맑다'라는 의미를 네팔에서 실감했다. 로지에서 차를 끓여주던 사우니(여자 주인), 로컬 버스 창문에 얼굴을 바짝 대고 우리를 바라보던 소녀들, 축제에 가기 위해 오토바이를 나눠 타고 있던 가족들, 좁은 등산로를 오가다가 나마스떼, 손 모으고 인사를 나누었던 이들이 맑은 눈으로 그곳에 있었다.

사람만이 아니다. 심지어 야크와 좁키오, 길거리에서 쉽게 만나는 개들까지, 동물들의 눈도 맑다. 으르렁거리거나 경계하지 않고 쉽게 사람을 따르는 모습에 상처받지 않고 살아온 삶이 보인다.

눈 맑은 이들이 사는 나라, 네팔의 공식 명칭은 네팔 연방 민주공화국(The Federal Democratic Republic of Nepal)이다. 상·하원, 양원제로 100개에 달하는 정당이 있다. 인구는 삼천만 명, 영토는 대한민국보다 1.5배 크다. 히말라야산맥 중앙부의 남쪽을 차지하며 동서로 길게 뻗은 모양이다. 한국과 시차는 3시간 15분. 인도와 중국이라는 두 강대국 사이에서 경제, 문화, 국방 등 여러 영향을 받고 있다.

네팔은 2007년, 239년간 이어온 왕정을 종식하고 2008년 5월 28일부터 공화제를 채택했다. 2001년 왕국에서 발생한 비극이 결정적이었다. 비렌드라 왕, 아이슈와라 왕비, 슈르티 공주 등의 왕족이 궁중 만찬 도중 대거 사살된 사건이었다. 범인으로 디펜드라 왕세자가 지목됐는데 왕이 왕자의 결혼을 반대하자 극단적인 방식으로 갈등이 표출됐다고 알려졌다. 하지만왕자 역시 현장에서 권총 자살을 기도했고 이후 비렌드라 전 국왕의 동생인 갸넨드라 왕이 즉위하며 전제군주제로 회귀하자, 사건 배후에 갸넨드라가 있었다는 설이 퍼지기도 했다. 왕궁에는 당시 총탄 흔적이 고스란히 남아있다. 전제군주제는 시민들의 반발로 종식되었고 왕궁은 최소한으로만 관리된 채 관광객들에게 공개되고 있다.

네팔력(비크람 삼밧, Bikram Sambat)은 새해가 4월 중순에 시작하므로 그레고리력(A.D)보다 56년 8개월이 앞선다. 2020년은 네팔력 2076년에서 2077년에 걸쳐있다. 공휴일은 토요일이고 일요일은 평일과 같다. 아라비아 숫자 대신 고유의 숫자를 쓰기 때문에 네팔 달력이나 화폐는 헷갈리기 십상이다.

네팔 인구의 대부분(80%)이 힌두교도이지만 생활과 문화 곳곳에 티베트 불교가 스며 있다. 티베트 지역과 인접해 있어 주민 이주가 잦고 석가모니가 탄생한 불교 성지 룸비니 역시 네팔 남부 테라이 지방에 속해 있다. 이 밖에도 토속신앙, 이슬람교가 조화롭게 어우러지는 네팔에서는 종교 대립과 박해가 없다.

네팔은 일반적으로 50~100여 개의 민족과 언어로 구성된 나라라고 설명돼 있다. 현지인들에 따르면 126개 민족이 공용어 네팔어를 제외한 103개 언어를 사용하는, 궁극의 다양성을 지닌 나라다. 수도인 카트만두에는 주로 네와르족이 거주해왔으며 '살아있는 여신'이라 불리는 쿠마리 제도 역시 네와르족 전통이다. 소수민족인 라우테족의 경우 20여 명만 생존해 있다고 한다. 성으로 민족을 구별할 수 있는데 따망족은 따망, 셰르

파족은 셰르파가 붙는 식이다. 네팔 국가인 '백 송이의 꽃'에도 "우리는 백 송이의 꽃, 하나로 통합한 우리의 언어. 여러 민족이 사는 이 땅, 다양한 문화가 보존된 우리들의 조국. 네팔이여 영원 하라."는 가사가 담겨있다.

국기는 히말라야산맥을 형상화하듯 두 개의 삼각형을 포개어 둔 모양이다. 달과 태양이 그려져 있다. 세계 10대 최고봉 가운데 8개가 네팔에 있다. 5,000m가 넘는 봉우리는 리(Ri), 6,000m 이상의 봉우리는 체(Tse), 출리(Chuli)라고 많이 쓴다. 자연에 기대어 살기 때문에 농업과 관광업 의존이 높다.

행정구역은 14개 주(anchal)로 구성돼 있다. 수도 카트만두는 설산으로 둘러싸인 분지 지형으로 인구 밀집도가 높다. 카트만두의 옛 이름은 칸디푸르. 불과 수십 년 만에 인구가 급증해 각종 오염 문제가 발생하고 있다. 이전에는 랑탕 히말의 설산이 보였다고 하는데 매연 등으로 대기 질이 악화하여 지금은 보이지 않는다.

마오이스트 반군과 정부군이 오랜 기간 내전을 벌이다 2006년 종전했다. 마오이스트 계열 정당이 다수 의석을 차지하기도 했지만, 정치는 여전히 불안하고 집권 여당의 교체도 잦다. 대통령은 명목상 지위일 뿐 총리가 실질 수반 역할을 한다.

2017년 트레킹 당시 여성 대통령, 여성 대법원장이 자리 잡고 있었지만 전반적인 네팔 여성들의 삶과 권익 보장은 열악하다.

랑탕(Langtang)은 에베레스트(EBC), 안나푸르나(Annapurna)와 함께 히말라야 3대 트레킹으로 꼽힌다. 에베레스트는 웅장하며, 안나푸르나는 다채롭고, 랑탕은 아름답다는 평이다. 지도상으로 보면 랑탕을 중심으로 에베레스트와 안나푸르나가 동서로 양쪽에 위치한다. 랑탕 계곡은 네팔 최초의 국립공원이다. 세상에 알려진 지 70여 년 정도 되었다. 상대적으로 자연 그대로의 모습을 유지해온 배경이다.

랑탕 계곡 트레킹은 네팔 수도인 카트만두에서 차로 7~8시간 정도 달리면 도착하는 샤브루베시부터 시작한다. 샤브루베시에서 라마 호텔(2,480m, 공식명칭은 창탕), 랑탕 마을(3,430m), 캉진곰파(3,870m)를 거쳐 체르코리(4,984m)까지 오르는 여정이다. 왕복 거리는 76km에 이른다. 캉진곰파에서는 일정에 따라 캉진리, 랑시샤카르카도 갈 수 있다. 킹슝, 캉첸포, 간자리파크, 나야캉가, 랑탕리룽 등 랑탕의 설산들이 360도 파노라마 화면처럼 펼쳐지는 게 압권이라고 한다.

랑탕에서는 아열대 기후부터 시작해 고도가 올라갈수록 달라지는 식생을 눈으로 확인할 수 있다. 설산에서 녹아내린 에메랄드빛 계곡물이 선사하는 호쾌함과 시원한 풍광도 장관이다.

트레킹 시기는 비가 내리지 않을 때가 좋다. 특히, 우기가 끝나고 설산이 또렷이 보이는 10~11월은 날씨마저 온화한 편이어서 최적기로 꼽힌다. 대신 이때에는 전 세계 여행객들이 몰리므로 호젓한 트레킹을 기대할 수 없다. 네팔을 상징하는 꽃, 랄리구라스와 각종 야생화를 보려면 3~5월이 좋다. 날씨가 따뜻하고 비도 내리지 않는 시기다. 대신 안개가 시작되고 흙먼지가 날려 설산을 가리기도 한다.

티베트어로 '야크를 따라간다'는 뜻을 지닌 랑탕은 티베트와 밀접하다. 히말라야 능선을 국경으로 접해 있어서 오래전부터 티베트인들이 이주해 왔다고 한다. 타망족이 주로 거주하고 티베트 불교문화에 영향을 받았다.

고도가 높아질수록 야크와 좁키오 무리가 눈에 띄게 늘어났다. 야크는 고산지대에서 척박하게 살아가는 이들에게 젖과 고기, 분뇨까지 땔감으로 공급하는 고마운 존재다. 야크와 물소의 교배종인 좁키오 역시 여행객과 자주 길을 나눈다. 좁키오는 얼핏 무섭게 보이는 생김새와 달리 인기척이 나면 겁을 먹고 멀찍

이 멈춰서는 동물이다. 누군가 히말라야 여행기에서 좁키오를 '세상에서 가장 불쌍한 동물', '죽어라 일만 하는 동물'로 표현하기도 했던데 새삼 짠하게 공감하지 않을 수 없다.

세계적인 오지 탐험가 텔만은 랑탕을 "세계에서 가장 깊고 아름다운 계곡"이라고 평했다. 나는 자연의 위대함에 순응하는 이에게만 고유의 매력을 보여주는, 자연의 섭리를 체득할 수 있는 곳이라고 감히 말하고 싶다.

내가 랑탕을 찾은 것은 1월 한겨울이었다. 추위를 많이 타고 한국의 겨울 한파에도 벌벌 떠는 나는 거대한 설산의 추위가 대체 어느 정도일지 두렵고 무서웠다. 건조하고 시린 기후이다 보니 실제 기온보다 체감 기온은 훨씬 더 낮았다. 구간마다 숙박 기능을 담당하는 로지 대부분이 나무 벽으로 세워져 있고, 난방 시설이 따로 없는 것도 한몫했다. 고산지대로 올라갈수록 추위는 더욱 더 매서워졌다. 두툼한 점퍼와 모자까지 입고 있던 그대로 두 겹의 겨울 침낭 속에 들어가 그 위에 로지에서 나눠주는 이불을 덮어도 온몸이 시려왔다.

발열 내의 안에 핫 팩을 붙이고 끓인 물을 보온물통에 담아 끌어안고서 생각했다. 나는 왜 여기 있는 걸까. 나는 왜 히말라야를 걸어야 하는 걸까.

04

걷는   이유

"운동하고 더 예뻐지세요."

'여성'을 주제로 한 마라톤 행사에서 출발선에 섰을 때 사회자가 이렇게 소리쳤다. 그는 덕담이라고 생각했을 것이다. 하지만 큰맘 먹고 이른 시간 아이와 함께 대회를 찾은 나는 그 순간 아이의 귀를 막아 주고 싶었다. 우리는 예뻐지려고 먼 길을 달려온 것이 아니었다.

여성에게 운동은 체력을 기르고 건강을 유지하기 위해 몸을 단련하는 것보다 꾸밈 노동의 방편으로 요구되는 면이 있다. "운동 좀 해라."는 곧 "살을 빼고 몸매를 가꿔라."로 곧잘 등치된다.

문제의식 없이 꾸밈 노동을 당연하게 여기며 공적으로 발화하는 모습도 심심치 않게 본다. 2018년 서울시장 후보 중 한 명은 방송토론에 나와서 "도시도 항상 다듬고 엎고 옆집과 비교도 해야 한다."면서 "아름다운 여성이 전혀 화장도 안 하고 씻지도 않는 것은 아니지 않냐. 매일 씻고 피트니스도 하고 자기를 다듬는다."는 발언을 했다.

한 방송사의 고민 상담 예능프로그램에서는 출산 후 몸의 변화에 속상해하는 사연을 놓고 남성 출연자들이 "그건 열심히 노력하지 않아서다.", "살이 찌지 않게 임신시기부터 관리를 했어야지 않나." 하는 식의 무지와 편견을 충고랍시고 늘어놓았다.

임신 중독의 영향이나 출산 후 회복 기간, 육아 환경 등은 전혀 고려하지 않은 채 어서 빨리 임신과 출산 전의 몸으로 돌아가라는 요구를 당연하게 표출한다. 여성 연예인들이 아이를 낳고 불과 몇 개월 만에 예전 같은 외모로 복귀하는 것이 능력 있고 자기 관리를 잘한 표본처럼 비치듯이 말이다.

마찬가지로 "애 엄마 외모 맞아?"라는 말은 칭찬처럼 들린다. '애 엄마'를 향한 규정 자체가 차별적이고 폭력적이지만 '애 엄마'이면서도 '애 엄마'처럼 보이지 말라는 압박 역시 별반 다를 바 없다. 비슷한 문구의 다이어트 광고가 버스 측면에 부착

되어 시내 전역을 돌아다녔다. 날씬함으로 규정되지 않는 체격의 여성 연예인이 유명 운동복 광고에 등장한 것이 겨우 2019년도 일이다.

사회 인식은 점차 바뀌고 있지만 여성들이 운동과 멀어지는 몸을 자연스레 받아들이는 과정은 크게 나아질 조짐이 없다. 학교에서는 체육 수업이 줄고, 방과 후에도 놀이할 시간이나 친구, 공간 역시 부족하다.

2019년 11월 세계보건기구(WHO)가 2016년 146개국 11~17세 학생을 대상으로 신체 활동량을 조사한 결과에 따르면, 운동이 미흡한 한국 청소년 비율은 무려 94%에 달했다. 한국 여학생은 그보다도 높은 97.2%. 조사 대상 146개국 중 꼴찌였다. 세계보건기구가 권장하는 청소년 운동 시간은 하루 1시간이지만 우리나라 초등학교, 중학교 정규 체육 시간은 주당 3시간뿐이다. 고등학교는 더하다. 주당 1~2시간에 그친다. 현실은 성인이 되어서도 별반 달라지지 않는다.

운동 센터 역시 여성의 몸을 무례하고 권위적으로 대하는 경향이 있다. 이야기하지도 않았는데 다이어트를 하러 왔을 것이라고 확신하고 치부한다. 여성들은 운동하는 동안 불편한 시선을 감내해야 하고, 회원 개개인에게 집중하여 운동 처방을 내리기보다 모두가 과정이라며 아파도 참을 것을 종용하는 곳들도 여전하다.

　학창 시절 나는 육상 종목 유망주였다. 출발선에서 무릎을 굽히며 준비 자세를 할 때 치닫는 긴장과 설렘이 좋았다. 서서히 몸을 예열하다가 숨이 턱까지 차오를 무렵 결승선에 도착해 숨을 고르는 과정은 마치 생의 증거 같았다.

　달리기도 좋았지만 여럿이 협력해야 하는 구기 종목도 즐겼다. 축구 시합에서는 늘 스트라이커를 자처했고, 다양한 종류의 킥을 구사하기 위한 연습에 몰두했다. 프로야구 4번 타자가 어찌나 멋있어 보이던지. 추수가 끝난 논에서 오빠가 던져주는 공으로 타격 연습에 몰두하기도 했다. 하지만 자라면서 점차 운동하기를 멈췄다. 시선과 공기가 달라졌음을 기민하게 감지했기 때문이다.

　"너 브래지어 안 했니?"

　운동회 날, 선생님이 걱정 어린 얼굴로 다가왔다. 그때부터 같다. 운동을 잘하는 일보다 가슴을 드러내지 않는 일이 더 중요해졌다. 월경을 시작하고는 몸도 이전과 달라졌다. 교과 과정에서 체육의 순위는 점차 밀려났다. 그나마 있는 수업 시간도 자습하거나 강당에 모여 담소를 나누는 시간으로 여겨졌다. 뛰거나 구를 필요가 사라졌다. 여자아이에게 운동은 중요하지 않다고들 말했다.

아이를 낳고서야 운동이 새삼 소중해졌다. 육아는 체력이다. 힘에 부치면 더욱 더 버겁다. 아무리 사랑하는 존재라도 심신이 지치고 힘들면 투정을 참아내기가 벅차다. 양육자가 지칠수록 안정적인 돌봄이 멀어지는 현실을 절감했다. 약한 존재를 지키기 위해서라도, 쉽게 소진되는 체력을 회복하기 위해서라도 운동을 해야 했다. 생존 차원이었다. 그런데도 욕심을 부려야만 획득할 수 있었다.

운동할 시간, 경제적 여유는 그저 주어지지 않았다. 아이 키우느라 건강 돌볼 틈이 없다고 하면 "밥은 밥통이, 빨래는 세탁기, 설거지는 식기세척기, 아이는 어린이집에서 다 키워주는데 무슨 엄살이야."는 식의 반응은 지금도 여전하다. 게으른 변명처럼 치부되는 것이다. 반대로 운동을 하겠다는 엄마들에게는 "애 다 키워놓고 나중에 해도 늦지 않다."는 말이 돌아온다. 대체 어쩌라고.

그래서 걷기 시작했다. 걷는 데는 돈이 들지 않으니까. 운동복을 장만해야 하거나 불편한 시선을 감내하지 않아도 됐다. 고민과 상념이 차오르고 아이가 칭얼거리면 유아차를 밀면서 동네를 돌았다. 일터에서 돌아온 남편이 숨 고르길 기다렸다가 바로 문밖을 나서기도 했다.

"나 잠시만 걷고 올게요."

걷기는 순간을 버텨내는 방법이었고 유일한 운동이었다. 처음에는 낯선 동네에서 갈 바를 몰라 멈칫하기도 했지만, 걷는 날이 늘면서 용기가 생겼다. 골목으로 접어드니 알지 못했던 것들이 보이기 시작했다. 항상 줄을 서는 빵집, 김밥 한 줄 1,500원을 고집하는 분식집, 한부모 가정이 모여 사는 모자원, 마늘을 가져가면 직접 빻아주는 채소가게도 걸으면서 알게 됐다.

'갈 길을 아는 것과 그 길을 걷는 것은 다르다.'는 말처럼 몸으로 익히는 경험은 값지다. 한 시간만 걸어도 그간 얼마나 몸을 방치해 왔는지 종아리 근육부터 느껴진다.

나에게 걷기는 삶을 멈춘 채로 내버려 두지 않고 서서히 움직여 보려는 노력이자 의지의 표출이었다. 경쟁이나 게임의 기제가 작동할 필요가 없으니 편안했다. 혼자서도 충분했다. 걷는 행위 자체가 말벗이었다. 화를 내고 조바심이 날 때 마음을 다스리고 나름의 길을 찾아가도록 도와주는 힘이 걷기를 통해 성장했다.

마을길이 지겨울 때면 산에 올랐다. 서울살이의 다행한 점 중 하나는 어디든 가까운 곳에 좋은 산이 있다는 거다. 자연 생태계 입장에선 인간의 발길이 해악이겠지만 산이 없다면 갈 곳 없는 저 마음들이 어디로 향했을지. 미안하고 고마운 산이다. 평지와는 달리 투박하고 거친 산길을 거듭 오르내리다 보면 새로운 근육만큼이나 자신감이 붙는다. 삶의 국면이 평탄할 리 만은 없겠지만 갑자기 굴곡진 여정이 펼쳐진대도 그 순간만큼은 이겨낼 수 있으리라는 기운을 안는다.

티베트어로 인간은 '걷는 존재', 혹은 '걸으면서 방황하는 존재'를 뜻한단다.

나는 계속 '걸어가는 사람'이기를 희망한다. 달리기보다 속도는 느리고, 짧은 시간 안에 목표를 끌어 올리지는 못해도 보다 오래, 꾸준히 걸어가는 사람이 되고 싶다.

아, 가끔 달리기 본능이 솟구치기도 한다. 지난해 전국 소년 소녀체전에 참가한 여중생의 영상을 몇 번이고 봤다. 가볍고 너른 보폭으로 앞서가는 선수를 따라잡는 모습에서 탄성이 절로 나왔다. 잊고 있던 승부욕, 꿈꾸는 일은 무엇이든 할 수 있다고 믿었던 시절이 되살아난 기분이었다.

아이와 술래잡기를 할 때 도망치는 남편을 잡으려다 보면 나도 모르게 이전 실력이 발휘되곤 한다. 그럴 때면 남편은 초등학교 시절 자신을 따라다니며 괴롭혔던 뒷자리 여학생이 떠올라 진심 무섭다고 했다. 그렇다면, 끝까지 잡아줘야지.

05

랑 탕 으 로
가 는 　 길

네팔에 도착한 이튿날, 지프를 나눠 타고 일찌감치 길을 나섰다. 랑탕 트레킹의 시작 '샤브루베시'는 카트만두에서 출발하면 트리슐리, 둔체 등을 거쳐 찻길로 7~8시간 만에 닿을 수 있다.

한 대당 최대 인원 7명을 꽉 채운 지프가 도로에 나서자마자 잠깐 제정신을 놓쳤다. 비포장도로의 흙먼지가 시야를 가리고 곳곳에 팬 웅덩이를 지나면서 차가 쉴 새 없이 흔들렸기 때문이다. 대중교통 수단인 뚝뚝이와 오토바이, 2015년 지진 구호품의 여파로 수가 급증했다는 자동차들이 한 데 섞여 신호와 차선이 없는 도로를 종횡무진으로 움직이고 사람들은 무단횡단을 감행했다. 이런 상태로 온종일 달려야 한다고 생각하니 아득했다. 거기다 후반 3시간 정도는 비포장 절벽 길이 예고돼 있었다.

창밖으로 보이는 상점에 콜리플라워가 가득했다. 아이 이유식을 만들면서 처음 접했던 콜리플라워. 브로콜리보다는 값이 비싸고 비타민과 식이섬유 함유량이 양배추나 배추보다 많다는 정보가 여전히 머릿속에 남아있었다. 한국에서는 흔하지 않은 콜리플라워가 어디를 가도 수북이 쌓여있는 모습이 색달랐다. 알고 보니 콜리플라워는 네팔의 주식인 '달밧'의 중요한 식자재였다.

달밧은 렌틸콩에 향신료를 끓여 만든 달, 밥(밧), 콜리플라워와 감자 등을 으깨 만든 커리로 구성된다. 여기에 밑반찬 격인 채소 절임류(떨꺼리)가 더해지는데 음식을 만드는 사람에 따라 종류와 맛도 달라진다.

쟁반 하나에 오르는 달밧은 네팔 사람들의 소박한 식단의 상징이자 부지런함을 보여주는 식단이었다. 이곳 사람들은 매끼 새로 지은 쌀밥으로 따뜻한 달밧을 만들었다. 아궁이에 불을 지펴 음식을 장만하지만 찬밥을 뒀다가 다시 먹는 일은 없었다. 달밧은 트레킹 기간 포터 친구들은 물론 일행들에게도 긴요한 에너지 공급원이 됐다.

카트만두를 벗어나자마자 볕의 세기가 달라졌다. 뿌옇고 매캐한 대기는 흩어지고, 햇볕이 닿는 땅마다 유채 농사가 한창이었다. 서늘한 기후를 좋아하는 유채는 겨울의 혹독한 추위에도 모든 잎을 땅에 바짝 붙이고 푸른 잎을 말려 생명을 이어가는 존재다. 그래서 '겨울초'라고도 불린다. 한국에서는 나물과 채소가 귀한 초봄에 맛있는 식자재 역할을 한다. 유채 나물을 데쳐서 집 된장에 참기름을 넣고 조물조물 무치는 상상을 했다. 가이드 벅터 씨에게 물어보니 네팔에서 유채는 식자재보다는 연료용 기름을 짜기 위한 용도가 더 크단다.

> "내가 자기 딸과 꼭 닮아 딸 생각이 난다며 손에 유채꽃 기름을 들고 걸어오신 것이었다. 걷느라 힘들었을 나를 생각하며 나의 종아리를 자기 쪽으로 끌어당기시더니 유채꽃 기름으로 내 종아리를 문질러 주셨다."
>
> - 서윤미, 《네팔은 여전히 아름답다》

《네팔은 여전히 아름답다》에도 유채 기름 관련 에피소드가 나온다. 먼 길을 걸어 도착한 네팔의 오지마을에서 경험한 따뜻한 이야기이자 네팔인들이 유채 기름을 어떻게 활용하는지 엿

볼 수 있는 대목이었다. 노란 유채꽃은 배추꽃과 똑 닮았다. 차이를 알아채기 어려울 만큼 비슷하게 생겼다. 유채는 과연 배추과 채소가 맞다. 김치를 주식으로 하는 한국인에게 배추가 그렇듯 이곳에서는 유채가 귀하고도 친밀한 존재다.

히말라야 트레킹은 위험요소를 안고 있다. 그래서 지역과 지형을 잘 아는 가이드가 필요하다. 가이드 '벅터 람 라미찬(Bhakta Ram Lamichhan)'씨는 한국에서도 꽤 알려진 인물이다. 2016년 문재인 대통령 랑탕 트레킹의 가이드였기 때문이다. 그는 귀환 이주노동자로 당시 '맵 네팔'이라는 여행사를 운영하며 트레킹과 관광 가이드를 맡고 있었다. 또한 우리가 묵었던 카트만두의 게스트하우스 '마야거르추'의 공동 운영자인 동시에 시민단체 활동가였다. 인솔자 아샤와는 시민단체 활동을 통해 인연을 맺었다고 했다. 능숙한 한국어를 바탕으로 아재 개그를 선보이는가 하면 직접 석류를 까주며 일행들을 돌보던 다정한 사람. 그가 찌아를 '네팔리카노'라고 말했던 장면이 아직도 선명하게 기억난다. 여정 내내 많은 도움을 받았다.

차는 고속도로에 접어들었다. 그러나 고속도로라는 말이 무색하게도 도로 폭이 좁고, 포장되지 않은 곳이 많았다. 어느 순간 차가 달리지 못하고 멈춰 섰다. 한참 걸려 이유를 알아보니 교통사고가 나서 인명피해까지 발생했다고 한다. 네팔에서는 사고가 나면 현장에서 바로 합의를 해야 하고 결론이 날 때까지 사고 현장 모습 그대로를 유지한단다. 다시 말해, 상황이 언제 풀릴지 알 수 없다는 것. 민첩한 오토바이들이 요리조리 막힌 길을 뚫고 달려 나갔다. 멈춰선 차에서 하나둘 내린 사람들이 스트레칭하며 뭉친 근육을 풀었다. 그 태연하고 여유로운 모습이라니. 우리는 결국 고속도로를 포기하기로 했다. 대신 길이 없는 언덕을 오르고 물웅덩이를 헤치고 나갔다. '오프로드'란 이런 것인가. 적당한 긴장과 해방감을 맛보는 사이 첫 휴게소에 도착했다.

또 놀랄 모양이었다. 이번엔 화장실. 게스트하우스는 좌변기를 갖추고 있어서 그제야 처음으로 네팔의 보편적인 화장실과 만난 거다. 휴지 대신 물을 사용한다는 이야기는 미리 들었지만 직접 마주하니 난감했다. 화장실 안에 놓인 양동이의 물을 써야 했는데 한 번에 사용해야 할 양을 가늠하기 어려웠다. 심지어 어느 칸에는 양동이 물조차 아예 없는 경우도 있었다. 휴지를 가져가도 버릴 곳이 없고 한국의 재래식 화장실과 달리 이전 사람의 흔적을 그대로 목도해야 하는 경우도 흔했다. 변비를 예고

하는 불길하고도 적중률 높은 신호가 전해져왔다. (이후 7일 동안 큰일을 해결하지 못했다. 출산 직후보다 더 오래 걸린 기간이었다.)

울퉁불퉁한 길은 갈수록 더욱 구불거리고 좁아졌다. 높은 산에 길을 내고 도로를 개설하다 보니 어쩔 수 없었으리라. 쿵쿵! 머리가 차 천장에 닿으며 소리를 냈다. 뒷좌석이 높고 천장과 간격이 좁아서 차가 출렁거릴 때마다 뒤에 앉은 이들은 강렬한 헤딩을 경험했다.

창밖으로는 까마득한 낭떠러지였다. 안전망이 있을 리가 없었다. 그러나, '소름 돋게 아름답다'라는 표현이 딱 떠오를 만큼 풍광은 멋졌다. 가파른 산허리를 개간한 다락 논은 능선마다 이어지고 그 뒤에 어김없이 마을이 등장할 때면 사람들이 공간에서 어우러져 있었다. 비로소 이곳이 히말라야의 나라라는 사실이 강렬하게 다가왔다. 하지만 이제 겨우 시작일 뿐이었다.

도대체 얼마나 엄청난 것을 보여주려는 걸까? 네팔은, 히말라야는, 랑탕은.

06

시　작　　，
<u>샤 브 루 베 시</u>

랑탕은 티베트어로 '소를 잃어버린 곳', 또는 '소를 따라간다'는 뜻이다. 한 라마승이 잃어버린 소를 한참을 헤매다 찾았는데 소가 있던 곳이 마치 낙원 같았다고 한다. 해발 3,000m가 넘는 고산인데도 평원이 있어 목축이 가능하고 계곡물이 넘쳐나고 꽃과 풀도 가득한 곳. 그곳은 랑탕이 되었다.

랑탕은 지금도 티베트 지역과 물류 이동이 활발하다. 티베탄 트럭은 겉모습부터 화려하다. 부처상과 만자 무늬로 트럭 전면을 장식하고 요란한 음악 소리는 덤으로 얹었다. 마주하는 트럭이 늘어나자 차 한 대가 간신히 지날 수 있는 길이 분주해졌다. 맞은편 차 한 대를 보내기 위한 지난한 기다림과 물러섬을 반복해야 우리 차례가 왔다. 질척이고 덜컹거리는 길에서 보내는 시간이 길어지면 짜증이 날 법도 한데 신기하게도 누구 하나 얼굴을 붉히거나 화를 내지 않았다.

샤브루베시에 가까워질수록 티베트 지역에서 넘어오는 트럭들을 만나는 일도 늘었다. 아슬아슬한 길은 계속됐다. 다행히 언제나 끝은 있다. 드디어 벅터 씨로부터 곧 샤브루베시에 도착한다는 말을 들었다.

앞쪽에 줄지어 선 차량 행렬이 서 있었다. 랑탕 트레킹을 위해 사전에 발급받은 팀스(TIMS)를 확인하고 짐을 검사하는 검문소였다. 티베트 지역과 국경이 가까워 밀수를 방지하기 위해 짐까지 들여다본다고 했다. 차에 실어둔 배낭을 모두 내린 다음 담당자들이 전부 살펴볼 때까지 기다려야 했다.

일행 중 한 명이 캐러멜을 건넸다. 예상하지 못했다. 지루함을 잊어보자고 입에 넣은 캐러멜이 몰고 올 사태를 말이다. 달콤하고 진득한 캐러멜을 어금니로 깨문 순간, 오래전 씌워둔 치아 보철물이 캐러멜에 달라붙어 쑤욱 빠지는 게 아닌가. 식은땀이 흘러나왔다.

여기까지 왔는데 '이' 때문에 한국으로 되돌아갈 수는 없어.

그렇다고 보철물이 빠진 채로 음식을 먹을 수는 없잖아!

머릿속이 하얘졌다. 아마 얼굴도 하얗게 질렸을 거다. 트레킹을 시작도 하기 전에 짐이 될까 봐 주변에 내색하지 않으며 견디다가 샤브루베시 숙소에 도착하자마자 화장실로 달려갔다. 짐을 풀어 양치 도구를 꺼낸 뒤 이를 박박 닦았다. 그 위에 다시 보철물을 눌러 덮었다. 딱, 딱, 딱. 턱을 움직여 씹는 동작을 몇 번이고 반복했다. 다행히 보철물이 다시 빠져나오지는 않았다. 절로 가슴을 쓸어내렸다. 그제야 온몸이 두들겨 맞은 것처럼 쑤셔왔다. 온종일 지프를 타고 온 여파였다. 아픈 몸과 별개로 풍광이 들어오기 시작했다. 계곡에서 물 흐르는 소리가 생생하게 들려왔다. 숙소 앞에서 바람 빠진 공을 차는 아이들과 산비탈에서 풀을 뜯는 염소, 간간이 길을 오가는 여행자들. 평화로운 마을이었다.

저녁 메뉴는 달밧이었다. 피로가 쌓이고 긴장한 탓인지 입맛이 없었다. 달밧 대신 뜨끈하고 칼칼한 '국시기'를 훌훌 불며 먹고 싶었다.

국시기는 추운 겨울에 먹는 음식이다. 향토문화전자대전에는 국시기를 경북 칠곡군의 향토음식으로 정의하고 있다. 갱죽이나 갱시기라고도 부르며 1970년대 이전 먹고 살기 어려웠던 시절에 많은 식구의 끼니를 때우기 위해 흔히 해 먹던 음식. 멸치로 육수를 낸 뒤 김치를 넣어 끓이다가 찬밥, 떡국 떡, 콩나물을 더해서 한소끔 더 끓여 만든다.

경상남도가 고향인 우리 가족은 국시기를 즐겨 먹었다. 아직 컴컴한 새벽, 여섯 식구 먹일 국시기용 재료로 엄마가 김치를 썰던 소리에 잠을 깨곤 했다. 감기 기운이 있거나 추위에 바깥에 나설 엄두가 나지 않을 때 국시기 한 그릇이면 온몸에 온기가 돌며 기운이 솟고는 했다. 딱 국시기가 필요한 시간이었다.

엄마 정체성을 떨쳐보겠다고 내 자식 생각을 애써 제치고 나선 길에서 정작 '엄마'를 찾고 있는 나라니... 상념에 젖을 무렵, 트레킹을 함께 할 여성 포터들이 곳곳에서 모이기 시작했다. 대부분 얼굴이 앳되고 체구가 왜소했다. 전신에서 긴장감이 엿보였다.

네팔에는 여성 포터와 가이드가 활동하고 있지만 아직 널리 확산되지는 않았다. 우리는 일행이 많아서 한꺼번에 10명이 넘는 이들을 구하다보니 랑탕 지역 인근에서 친구와 가족(올케와 시누까지도)끼리 함께 온 경우도 있었다. 방한 등산복에 두꺼운 점퍼까지 걸친 우리 일행에 비해 포터 친구들의 옷차림은 간소하기만 했다. 모직 겨울 코트를 입은 친구도 보였다. 방한 기능도 떨어지고 움직임도 불편할 텐데 걱정이었다.

어떻게 이 친구들에게 짐을 맡기지?

한국에서 일행들은 각자 2개씩 배낭을 챙겨왔다. 하나는 짝꿍 포터가 다른 하나는 자신이 멘다. 여성 포터인 점을 고려해 배낭 무게는 개당 10kg 이하로 정했다. 험한 길을 오르는 이에겐 이것도 만만치 않은 무게다.

고산 트레킹의 가장 큰 어려움은 짐의 무게보다 고산 증상이란 걸 알고 왔지만, 내가 져야할 짐과 책임을 누군가에게 맡겨야 하는 일은 여전히 낯설고 불편했다. 타인을 돌보는 일상에 젖어 있다가 누군가로부터 돌봄을 받게 되는 상황에 놓이다 보니 더욱 어색했는지도 모르겠다. 하지만 이들을 연민해서는 안 됐다. 그 역시 오만함이다. 포터 일은 엄연히 그들의 일자리고, 정당한 노동행위였다. 또한, 대부분 포터 경험이 있는 이들이었다. 섣부른 걱정보다는 존중하고 연대하며 길을 헤쳐나가는 것이 최선이었다.

미지근한 온도라도 얼굴을 씻고 인터넷을 사용할 수 있는 마지막 마을, 샤브루베시의 밤은 금방 찾아왔다. 옷을 입은 채로 핫팩을 붙이고 침낭 속에 보온병을 껴안고 누웠건만 오랫동안 잠들지 못했다. 시작부터 몸과 마음이 무거웠다. 설렘보다 두려움이 컸다.

07

샤브루베시

-

라마 호텔

무거운 몸을 침낭에서 간신히 끄집어냈다. 찬 공기가 확 들이쳤다. 간밤 펼쳐둔 짐과 몸을 뉘었던 침낭을 최대한 꾹꾹 눌러 배낭 2개에 집어넣었다. 마음을 따라주지 못해 몸놀림이 둔하고 서툴렀다. 채비하는 것만으로 진이 빠졌다. 네팔식 팬케이크로 간단히 아침을 먹은 뒤 숙소 앞에 모인 시각 오전 8시. 예정보다 출발이 늦어졌다.

각자 짝을 이루게 될 포터들과 인사를 나눴다. 내 짝꿍 포터의 이름은 '츠윙'이었다. 츠윙, 츠윙. 몇 번이고 이름을 불러보았다. 그도 나도 쑥스러움을 타기는 마찬가지였지만 츠윙 쪽이 조금 더했다. 초콜릿 과자를 건네자 어색한 미소만 지었다. 영어도, 네팔어도, 당연히 한국어도 통하지 않아 몸짓 발짓으로 짐이 무겁지 않은지를 물어보는데 역시 웃기만 했다. 앳되고 맑은 얼굴의 그가 왠지 낯설지 않았다. 가만, 아랫동네에 살던 동창과 닮았다.

그 친구는 마음씨와 이름이 절묘하게 어울리던 아이였다. 초등학교와 중학교를 함께 다니는 동안 그는 항상 조용했다. 하지만 웃을 때는 하얀 이가 다 보이도록 크게 웃었다. 볕에 그은 얼굴에는 기미가 옅게 자리 잡았고 사철 내내 볼이 빨갰다. 비평준화 지역이어서 비교적 일찍 고등학교 입시 준비를 해야 했는데, 대부분 좋은 성적을 거두려고 아등바등했던 것과 달리 친구는 공부에 크게 미련이 없어 보였다. 나중에 그 친구가 낮에는 공장에서 일하고 밤에는 학업을 이어가는 야간 고등학교에 진학했다는 소식을 들었다. 야간 실업계 고등학교는 당시에도 소수만 남아 있었다.

형편이 그리 넉넉하지 않다는 것은 알고 있었지만 그래도 열여섯에 공장에서 일을 시작할 친구의 모습이 그저 짠하고 먹먹했다. 기계로 가득한 공장을 상상하다가 무섭게만 여겨져 나는 그곳을 가지 않아도 된다는 사실에 문득 안도감도 느꼈다.

함께 멱을 감고, 소꿉놀이했던 옛 친구는 세월과 함께 기억 저편으로 흘러갔다. 그런데 20여 년이 지나고서야 낯선 땅에서 친구를 닮은 얼굴을 보며 기억을 소환한 것이었다. 내 배낭 위에 자기 배낭을 올려 메고는 산길을 오르는 '츠윙'의 뒷모습을 한참 바라봤다. 앞서거니 뒤서거니 우리는 그렇게 계속 함께 걸었다.

트레킹 초반은 오르막, 또 오르막이었다. 하나, 둘 세다가 포기한 흔들다리도 여러 개 건넜다. 다리는 계곡들을 이었다. 아직은 고도가 낮고 아열대성 기후여서 그런지 온몸이 금방 땀으로 젖었다. 쓰지 않던 근육들은 점점 아우성을 쳐댔다. 계곡을 따라 걷다가 이제 좀 쉬어가야겠다, 싶은 순간이면 아담한 찻집을 만났다. 털실로 짠 양말과 장신구도 판매하는 비교적 규모가 큰 가게가 있는가 하면 간단하게 식사를 하거나 차만 마실 수 있는 곳까지 각기 다른 모습이었다.

체력을 안배하고 고산증세를 예방하기 위해서는 자주 쉬어야 했다. 자연스레 '게으름뱅이처럼 오르고 겁쟁이처럼 내려가라'는 고산 등반의 불문율이 몸에 새겨졌다. 따뜻한 물과 '찌아' 같은 마살라 티를 마시며 몸을 녹이고 수분을 공급했다.

계곡의 물소리가 어찌나 큰 지 유량이 절로 짐작되었다. 아직까지는 손을 담가도 될 만큼 춥지 않아서 손수건을 빨아 배낭

에 걸었다. 쉬어 간들 으, 악 소리는 여전히 튀어나왔다. 해발고
도 1,000m를 높이는 일이 무엇인지 온 몸으로 새기는 순간이
었다.

힘들어도 트레킹을 이어갈 수 있는 건 다양한 풍경 덕분이었
다. 특히 거대한 암벽 끝에 매달린 석청은 기이할 정도였다. 네
팔의 토종벌 '아피스 라보리오사'는 꿀벌보다 몸집이 2~3배 크
고 매우 사납다고 한다. 이런 벌들이 깊은 절벽에서 오랜 기간
에 걸쳐 만들어 낸 석청이기에 약효를 기대하며 찾는 이들이 많
고 가격도 높다. 하지만 사나운 벌을 쫓고 절벽을 내려가야 하
는 만큼 목숨을 걸 정도로 위험한 작업이 수반된다. 몸에 좋다
고 섣불리 섭취했다가 석청이 지닌 독성 성분 때문에 큰일을 당
할 수도 있다고 한다. 한국 식품의약품안전처는 2014년 네팔산
석청의 수입과 유통을 금지하기도 했다.

꼬리 긴 원숭이도 볼 수 있다. 카트만두 원숭이 사원에 있는
붉은 얼굴 원숭이와는 모습이 다르다. 고맙게도 원숭이들은 트
레킹하는 동안 곳곳에서 툭 하고 등장해 잠시나마 여행객의 마
음을 쉬어가게 했다.

사실 트레킹은 '침잠'에 적당하지 않다. 지형에 익숙하지 않
은 초보 트레커라면 더욱더 그렇다. 마음을 가라앉히고 내면

에 몰입하기보다 당장 눈앞에 놓인 바위부터 무엇을 밟아야 안전할지 빠르게 판단해야 하는 순간이 반복되기 때문이다. 집중을 놓치는 순간 다칠 수도 있다. 오가는 발길에 밟히다 못해 바위처럼 굳어 버린 나무뿌리를 뛰어넘을지, 앞서간 이들의 발걸음처럼 뿌리 위에 발을 내딛을지조차 고민해야 했다. 여러 갈래 길 가운데 어디를 따라야 할지 선택하고 그에 따른 결과를 마주하는 과정. 몸 상태를 기민하게 점검하는 일도 빼놓을 수 없다.

근육의 각기 다른 쓰임을 마주하는 일이기도 했다. 걸을 때, 뛸 때, 산을 오를 때 쓰이는 근육은 각기 다르다고 했다. 평지에서 오래 걸을 수 있는 능력과 달리기를 잘하는 것이 별개인 것처럼 경험 많은 마라토너라고 해도 훈련 없이 산에서 다람쥐처럼 움직일 수는 없는 노릇이다. 내 몸이지만 속속들이 들여다보거나 돌보지 못했던 감각들이 걷고 오르는 사이 느껴졌다.

오후 5시 무렵, 숙소인 라마 호텔(창탕)에 도착했다. 짐을 풀고 한참을 기다린 뒤에 맞이한 저녁은 달밧이었다. 입맛이 없어 음식을 남기고는 다시 미안해졌다. 점심으로 네팔식 라면을 한 그릇 먹은 게 다였지만 식욕이 돋지 않았다.

일행들은 한국에서 챙겨온 누룽지나 간편식을 꺼내기도 했다. 고산지대로 갈수록 입맛은 떨어졌다. 몸이 너무 고돼서 식욕마저 잃은 것인지, 아니면 그동안 모르고 살았지만 내 식성이 꽤 예민하고 까다로웠던 건지 모르겠다. 체력이 떨어지고 소화 기능도 약해졌다. 낯선 음식을 먹어야 하는 상황을 예상했으면서도 간식용 견과류와 초콜릿 과자만 잔뜩 넣어온 나의 허술함에 어처구니가 없었다. 그러다가도 또다시 어떻게든 되겠지, 하고 낙관하기를 반복하는 나. 여행은 몰랐던 나를 돌아보게 했다.

거대한 암벽 끝에 매달린 석청은 기이할 정도였다.

08

히 말 라 야
트 레 킹 의
명 과 암

츠윙과 포터 친구 두 명이 나란히 걷고 있다. 이제 보니 모두 같은 디자인의 신발을 신었다. 셋은 한 마을에서 왔단다. 대화 소리가 마치 노래 같다. 나직하고 빠르게 속삭이다가 웃음을 터뜨리고는 다시 이야기를 이어간다. 알아듣지 못하는 이국 언어가 주는 리드미컬함, 친구 사이가 뿜어내는 생기가 즐겁다.

경제 상황이나 일자리를 놓고 봤을 때 네팔 청년들의 현실은 어둡다. 카트만두 공항에는 사람들과 함께 '관'이 내린다. 매일 1,500여 명이 이주 노동을 떠나고 매일 3명이 죽어서 돌아오기 때문이다.(서윤미, 《네팔은 여전히 아름답다》)

네팔은 1인당 GDP가 1,000달러 수준이다. 해외 이주노동자들이 네팔로 보내오는 송금액이 국가 총수익의 28%에 달하고, 해외 원조자금 역시 22%를 차지한다. 2018년 한 해 동안 한국에 비전문취업비자(E9)로 일하러 온 16개국 노동자 가운데 네팔 이주노동자(8,404명)가 가장 많았다. 이들 중 누군가는 일하다 다치거나 생명을 잃기도 한다. 2019년 서울신문 보도에 따르면, 최근 10년(2009~2018)간 한국에서 일하다가 스스로 목숨을 끊은 네팔 노동자는 43명에 달한다.

인도와 중국, 두 강대국 사이에 위치한 내륙국가 네팔은 세계의 지붕 역할을 하는 히말라야가 위를 가로막고 있어서 물자 교역은 모두 인도 캘커타 항을 통해 이뤄진다. 기름, 가스 등 연료 자원이 인도 영향력에 놓여 있고, 제조업 기반도 미비하다 보니 청년들은 일자리를 찾아 밖으로 나가거나 히말라야 관광 자원에 생계를 기댄다. 가이드 벅터 씨도 열여섯 살 때부터 포터 활동을 시작했고 이후 한국에서 이주노동자로 일한 뒤 귀국해서 다시 가이드 일을 하고 있었다.

여성의 상황은 더욱 열악하다. 종교적으로는 인구의 80% 이상이 힌두교를 믿고, 남성 중심 가부장제가 굳건한 사회에서 여성은 저임금 노동에 놓여 있다. 어린 나이에 결혼하자마자 남편

은 외국으로 일하러 떠나고, 남겨진 아내가 시부모 부양과 육
아, 가사노동, 생계를 전담하는 경우가 다반사다. 이주노동자
중에는 결혼을 위해 잠시 고향에 들렀다가 언제가 될지도 모를
길을 다시 떠나는 경우도 있단다. 이런 이유로 네팔에서는 여성
이 남성보다 매주 21시간을 더 많이 일한다고 한다.

《잠깐 애덤 스미스씨, 저녁은 누가 차려줬어요?》 제5장 경
제학이 여성을 가뿐히 무시하는 방법들에 따르면, 전 세계적으
로 여성은 전체 일하는 시간의 3분의 2를 무보수 노동에 바친
다.(남성의 무보수 노동 시간은 4분의 1이다.) 농업이 차지하는
비중이 큰 개발도상국일수록 이 격차가 더 크며, 남성들이 도시
로 이주하고 여성들이 뒤에 남겨지는 경우가 많다. 남은 여성들
은 남성과 국가로부터 아무런 지원도 받지 못한 채 직장근무,
가사노동, 농사일을 모두 혼자 해내야 한다.

그러니 여성들에게 일할 기회를 제공하고 경제적 능력을 갖
추도록 하는 것은 여러모로 중요하다. 여행자와 현지인, 주변
환경 등 모든 관계에서의 공정함을 위해 '공정 여행'을 선택했
던 이유, 그 일환으로 여성 가이드와 포터를 기용하고 양성할
필요성에도 공감하는 이유다. 하지만 생각할 지점은 있다. 가이
드와 포터 일 자체가 녹록하지 않다는 점이다. 무거운 짐을 지

고 험한 산길을 오르는 일도 벅찬데 여행객의 안위도 돌봐야 한다. 그런데도 이들의 노동 가치는 쉽게 폄하되고 만다. 여성 세계 최다 에베레스트 등정 기록을 가진 '락파 셰르파'의 성취가 저평가되고, 남편의 학대와 후원이 중단되면서 현재 미국 대형마트에서 설거지를 하고 있다는 사실이 이를 반영한다.

이들 여성이 벌어가는 돈은 가계 경제의 큰 몫을 담당할 가능성이 크다. 일부라도 오롯이 그들만을 위해 쓰인다면 다행이지만 혹여 여행객이 지닌 공정함의 명분이 이들을 계속 위험한 일터로 내모는 건 아닌지, 노파심이 이어지는 것도 사실이다. 나와 츠왕들 사이의 간극을 전 세계에 걸쳐 복잡다단하게 작동하는 '돌봄' 체계 속 선진국과 개발도상국 여성들의 노동수요와 공급 상황에 빗대어 보는 것 역시, 결국 같은 여성으로서 불평등을 모른 척 할 수 없다는 책임감 혹은 자책이었으리라.

그러므로 대안적인 여행방식을 모색하고 고민하는 이들이 늘어나는 것은 분명 반갑다. 여성 여행 가이드 교육을 하는 '쓰리 시스터즈'부터 시작해 '사사네 시스터후드 트레킹 앤 트래블'(SASANE Sisterhood Trekking and Travel)과 같은 스타트업을 주목하는 이유다. 관광객의 발걸음이 닿지 않는 네팔 시골 산촌 방문 투어를 제공하는 '사사네 시스터후드 트레킹 앤 트래블'의 가이드는 전부 인신매매 피해 생존자다.

반면, 퇴행적인 트레킹 문화도 존재한다. 여정이 이어질수록 한국인 등반객들과 마주하는 일이 잦았는데 그중에는 여성 포터들에게 "오빠"라고 부르라거나 계속 말을 거는 한국 남성들도 있었다. "한국에서 중년 남성을 칭하는 단어는 오빠가 아니라 아저씨"라고 바로 잡는 척 중간에 끼어들어 막아서는 것도 한계가 있었다.

배낭에 친숙한 표식을 단 한국의 시민단체가 트레킹에 임하는 자세도 고민거리를 안겼다. 휴식을 취할 때마다 왁자지껄하고, 담배를 피우거나 기념사진을 남기려고 불경을 새긴 돌을 길게 쌓아 놓은'마니월'에 올라가 무리수를 두는 모습까지도 애써 넘기려 노력했다.

그런데도 도저히 참을 수 없는 장면이 있었다. 이들 일행은 가이드와 포터는 물론 도꼬(대나무로 만든 광주리)끈을 이마에 고정한 채 엄청난 양의 취사도구를 짊어지고 다니면서 끼니마다 한국 음식을 요리해주는 지원팀을 대동했다. 지원팀 중에는 심지어 맨발로 슬리퍼만 신고 있는 이도 있었다. 한국에서 오는 단체 트레킹 팀들 대부분이 그와 같은 음식 조리 방식을 취한다고 했다.

현지 로지에서 숙식을 해결하는 건 여행객의 편의를 위한 것이기도 하지만 주민들에게 도움이 되는 일이기도 하다. 그러나, 지원팀을 동반하며 불을 피워 따로 요리해 먹으면 트레커들은 편리할지 몰라도 현지에는 전혀 도움이 되지 못한다.

　　자연에도 고스란히 피해가 갈 수 있다. 로지마다 기르던 닭이 한동안 씨가 말랐다고 했다. 체력을 소모한 뒤에는 무조건 양질의 음식을 먹어야 한다는 굳건한 한국식 보양 문화와 노동에 대한 대가를 지불했으니 합당한 서비스를 받아야 한다는 인식이 낳은 웃기고 슬픈 상황이었다.

　　이들이 한국 사회에서 오랜 기간 투쟁하며 주창해 온 진보적 가치는 내수용 한정이란 말인가? 일부가 단체 전체를 대변할 수 없음을 머리로는 알고 있지만 마음은 부글부글 끓었다. 무거운 솥과 취사도구를 이고 지며 산을 오르는 포터들과 네팔의 자연에 내가 오히려 미안한 마음이었다.

　　히말라야에도 기후 위기로 인한 영향이 나타나기 시작했다. 온난화로 설산의 눈이 줄어든다는 소식이 계속해서 전해진다. 우기가 길어지고 건기인 겨울철에도 갑작스러운 폭설과 눈사태 등이 발생하면서 트레킹에 나섰다가 위험에 처하는 사고들도 늘고 있다. 눈 쌓인 히말라야의 능선을 볼 수 있는 시간이 얼마 남지 않았을지도 모른다는 우려는 더는 기우가 아니다. 이로 인해 누군가는 삶의 터전을 위협받고 생계의 기반이 흔들리고 있다. 설산이 녹으면 전 지구적으로 환경에 영향을 미치게 된다. 지구 공동체가 함께 고민하고 책임져야 할 일이다.

하산 길, 눈에 보이는 쓰레기는 가능한 배낭에 담아왔다. 상상했던 것보다 훨씬 많은 쓰레기가 방치돼 있었다. 그중 한국 상표가 상당히 많았다. 왜 모든 부끄러움은 나의 몫이란 말인가.

자연의 경이로움은 그냥 유지되지 않는다. 이대로라면 우리가 들이민 자본으로 자연을 마구 대한 대가가 히말라야를 어떻게 변하게 할지 두렵게 지켜봐야 할지도 모른다.

09

라마 호텔
-
랑탕 마을

라마 호텔에서 랑탕 마을까지는 거리만 총 12km 가 넘는다. 시작점과 종착점의 고도는 각각 2,400m부터 3,430m. 고도 차가 천 미터가 넘고 그만큼 힘이 드는 구간이다. 휴대전화가 연결되지 않는 지점이기도 했다. 오직 벅터 씨의 위성 전화로만 세상과 연결이 가능하다는 말에 절로 비장해졌다. 여기서 문제가 생기면 다시 아래로 내려가든지 아니면 응급 헬기가 내릴 수 있는 캉진곰파까지 올라가든지 선택해야 한다! 어떻게든 걸어보겠노라, 마음을 다잡았다.

전날보다 오르막의 경사는 덜했지만 걷는 시간은 늘었다. 속도는 자연히 줄었다. 원래 계획은 '탕샵'까지였다. 그러나 다음 날 부담을 덜기 위해 이날 조금 더 걷기로 했다. 머리로는 납득이 됐는데 슬슬 입이 나오는 게 문제였다. 두통은 나아지지 않고 숨이 가빠지면서 어깨와 다리의 통증이 더해지니 말수가 확연히 줄었다. 긴 침묵이었다. 랑탕 트레킹은 감정표현마저 최소화하게 했다.

그렇게 두세 시간을 더 가서야 랑탕 마을에 도착했다. 남아 있는 타르초, 망자를 추도하는 깃발 행렬만이 그곳이 마을이었음을 설명할 뿐 정작 흘러내린 토석만 가득했다.

2015년 네팔에서 발생한 규모 7.8의 강진은 랑탕 리룽의 산사태를 일으켰다. 거대한 설산에서 흘러내린 돌과 흙이 한순간에 마을을 삼켰다. 마을에 있던 64가구가 땅속에 묻혔고, 주민과 군인, 24개 나라에서 온 여행자들도 목숨을 잃었다. 벅터 씨 설명에 따르면, 240여 명이 지진으로 실종됐다. 마을 주민 175명, 가이드와 포터 24명, 외국에서 온 여행자 41명이었다. 이 가운데 단 여섯 구의 시체만 찾았다고 한다.

랑탕 마을은 '기억의 시간을 걷다' 여정의 이유이기도 했다. 지진의 상처를 돌아보고 기억하려는 마음으로 저마다 길을 나섰기 때문이다. 일행을 이끌어 준 벅터 씨를 포함해 그간 이곳을 거쳐 간 이들의 사진과 기록 속에서 랑탕 마을이 얼마나 사랑받는 공간이었는지 알 수 있었다. 벅터 씨는 가이드 일 때문이 아니더라도 혼자 또는 친구들과 랑탕 계곡을 즐겨 찾았다고 했다. 지진 발생 후 여진의 가능성과 갖은 위험에도 불구하고, 길이 끊긴 마을을 찾아 상황을 파악하고 외부에 소식을 전해야만 했던 벅터 씨는 어떤 심정이었을까.

네팔 정부는 묻힌 마을을 그대로 뒀다. 랑탕 계곡에서 가장 아름다웠다는 전통마을은 사람들의 절절한 아픔과 함께 그렇게 자취를 감췄고, 이제는 지난 영상과 사진 자료로만 추억할 수 있게 됐다.

우리는 마을을 덮고 생긴 길 위를 걸었다. 희생자 추모비를 마주하며 각기 다른 국적과 나이, 이름들을 하나씩 짚어갔다. 흐린 하늘과 강하게 불어오는 바람 속에서 새삼 내가 집을 떠나왔음을 실감했다.

살아서 내 가족을, 아이를 다시 만날 수 있겠지?

날이 어둑해졌다. 여기는 히말라야였다. 한기와 함께 두려움이 속까지 몰려들었다. 이게 다 호르몬 때문이다.

두통이 시작된 건 셋째 날이었다. 증상이 생리 전 증후군 같았다. 심한 두통, 무기력해지면서 몸이 축축 처지는 증상, 부종,

식은땀, 소화불량, 변비, 어지러움, 가슴 두근거림. 고산증세도 곧 나타날 텐데 월경까지 시작되면 트레킹을 계속 이어갈 수 있을까. 걱정이 배낭끈에 달라붙었다. 더 큰 문제는 월경과 본격적인 월경통은 아직 시작도 안 했다는 사실이다.

떼려야 뗄 수 없고, 까마득히 잊고 지내다가도 한 달에 한 번은 빠짐없이 고통을 안겨주는 존재. 내게 '월경통'이란 남편보다도 오래된 인생의 동반자이자 애증의 대상이다.

초경이 시작된 이후, 중요한 일을 앞두고는 가장 먼저 월경주기부터 챙겨왔다. 대입 시험, 입사 면접, 결혼식. 여행도 예외는 아니었다. 월경 때의 극심한 빈혈과 구토를 동반하는 허리통증이 바깥 외출을 불가능하게 만들기 때문이다.

랑탕 트레킹을 계획할 때만 해도 기간 중 월경이 시작될 가능성은 희박했다. 주기는 비교적 정확해서 예상을 비껴갈 거라 걱정하지 않았다. 하지만 여행 한 달 전 호르몬이 이유 모를 반항을 했다. 월경주기가 당겨졌다. 가뜩이나 챙길 것 많은 짐 꾸러미에 중·대형 생리대가 더해졌다. 쓸 일이 없기를 바라고 또 바라면서 진통제도 한 통 챙겼다. 겨우 2년 전부터 먹기 시작한 생리통 전용 진통제는 이제 없어선 안 될 존재다. 내성이 무서워 '쌩'으로 견뎌냈던 시간이 억울할 지경이다.

구원자는 동네 약사님이었다. 참새가 방앗간 찾듯 소아과를 빈번하게 들락거렸던 아이와 병원 옆 약국도 자연스레 자주 갔다. 얼굴을 익힌 약사님께 무심코 질문을 던졌더랬다. 그가 여성이어서 용기를 낸 점도 있다. "월경통이 심한데 내성이 걱정돼서 약을 안 먹었어요. 내성이 안 생기는 진통제는 없을까요?" 안타까운 표정으로 그가 말했다. "진통제를 매일, 장기간 복용하는 게 아니라 특정 기간에만 먹는 거니까 내성 걱정은 안 하셔도 돼요. 오히려 월경통은 주기가 있어 예측 가능한 통증인 만큼 사전에 먹는 게 부종도 방지하고 훨씬 효과가 좋죠. 이제라도 참지 마시고 꼭 진통제를 드세요."

이런 설명은 처음이었다. 월경통이 심한 것을 굳이 감추지는 않았지만 어디까지나 극복해야 할 문제로 여겼지 타협할 수 있으리라고는 생각지 못했다.

부모님 역시 나의 월경통을 '낫게' 하려 갖은 노력을 기울였다. 산부인과에서는 원인이 없는 월경통이라고 했기에, 전국으로 유명하다는 한의원을 찾아가며 침을 맞고 한약을 먹었다. 민간요법으로 낯선 열매를 달여 먹기도 했다. 외국에 어학연수를 갈 때도 환으로 만든 한약을 챙겼다. 애석하게도, 증상은 별반 개선되지 않았다. 그런데 진통제를 먹어도 된다니, 심지어 월경

116

통 증상별로 각자 맞는 진통제가 있다니! 출산 시 산통을 줄여 줄 에테르 마취제(무통분만이라고 일컫는다)를 알게 됐을 때 기분이랄까. 유레카였다.

굳이 변명하자면 나의 무지함에는 이유가 있었다. 여성의 신체에서 이뤄지는 월경, 임신, 출산은 여성의 문제로만 간주되는 공통점이 있다. 그나마 임신과 출산은 인구 재생산과 직접 닿아 있고, 사회적 화두가 된 저출생 현상의 영향으로 공적 지원이나 관심도가 있는 편이다. 그러나, 월경에 관해선 개인이 감내해야 할 문제로 여기거나 터부시하는 경향이 여전히 높다. 슈퍼에서 생리대를 사면 으레 검은색 봉지에 담아주는 광경은 직장에서 여전히 생리휴가를 쓰기 어려운 상황과도 닿아있다.

'어느 페미니스트의 질병관통기'를 부제로 한 《아파도 미안하지 않습니다》에는 월경통이 심했던 한 여성이 이를 이유로 교회에 자주 빠지게 되자 목사님이 "월경통은 여성의 원죄에 의한 것"이라며 진통제에 의존하거나 쉬지 말고 기도로 이겨내야 한다고 했다는 대목이 나온다. 19세기에 에테르 마취제가 발명돼 드디어 무통분만이 가능한 시대가 열렸음에도 "수고하고 자식을 낳을 것"이라는 창세기 성경 구절을 근거로 일부 의사가 무통분만은 신의 뜻에 위반되는 것이라며 반대했다는 내용도 담겨있다.

그러하다. 드러내지 않을수록 무지는 단단해진다. 한 번도
아이에게 생리대를 보여주거나 월경에 관해 설명한 적 없다는
지인은 최근 사춘기에 접어든 아들이 "엄마, 여자들이 한 달에
며칠씩이나 피를 흘린다는 게 말이 돼? 그럼 사람이 죽게 되는
데 무슨 그런 사기를 쳐!"라고 말해 당황했다고 한다.

네팔 상황은 더욱 심각하다. 10년 전인 2010년 1월, 열한
살 소녀가 헛간에 격리돼 있다가 탈수와 설사로 목숨을 잃었다.
월경 중인 여성을 부정한 존재로 여겨 가족과 접촉하지 않도록
격리하는 '차우파디(chhaupadi)' 관습 때문이었다. 헛간에 격
리된 여성들은 성범죄자나 동물로부터 위험에 처하고, 불결한
환경과 겨울 추위, 여름 더위에 고스란히 노출될 수밖에 없다.
그런데도 네팔 중부와 서부 등 일부 지역에서는 차우파디를 경
험한 여성 비율이 절반에 이르는 것으로 조사될 정도다. 이처럼
월경에 대한 사회적 압박이 지속되면서 여성들은 자기 자신을
혐오하고 월경에 관한 부정적인 인식을 체화하게 된다.

나 역시 월경은 피하고만 싶은 대상이었다. 월경통이라는 몸
의 고통, 심리적 압박, 불편한 사회적 시선 속에서 여고 시절을
제외하면 이를 거리낌 없이 표현해 본 기억이 드물 정도였다.

심지어 여기서도 마찬가지. 랑탕 트레킹을 함께할 이들이 모두 여성인데도 월경통은 적잖이 긴장되고 의식됐다. 두통으로 밤새 앓으면서도 뒤척이는 소리에 룸메이트가 깰까 봐 신경을 곤두세웠다.

전전긍긍하는 사이 추위는 어느새 고민 저편으로 달아났다. 고산증세를 향한 공포도 직면한 통증 앞에선 비할게 되지 않았다. 초등학생으로 자란 딸의 얼굴과 네팔의 수많은 '츠웽'들의 모습이 한 데 겹쳐졌다.

바라건대 이들에게 더는 월경통의 고통이나 사회적 굴레로 인한 괴로움이 씌워지지 않기를. 여기까지 와서 월경이 내 삶을 좌우하고 옥죄는 이유가 되지 않기를 바랐다.

10

로 지 의 밤

랑탕 마을에서 묵었던 로지는 지진 피해 이후 새로 지은 듯했다. 차가운 콘크리트 건물에 들어가 난로 앞에 둘러앉은 순간까지도 길 위에 서 있는 기분이었다. 다시금 추모비 속 이름들을 떠올리며 그날의 그들과 지금 나는 왜 이 길 위에 선 걸까, 생각에 잠겼다. 완벽하게 예측할 수 없는 자연의 위력 앞에 새삼 인간이 얼마나 미약한 존재인지 실감했던 것이다. 그러자 신기하게도 나의 모자라고 부족한 점이 그리 부끄럽게 여겨지지 않았다. 괴롭히던 상념들이 순간 옅어지는 기분이었다.

일행들은 저마다 여정을 함께 한 이유, 걸으면서 느꼈던 감정들을 꺼내 보였다. 누군가는 일상에 치여 잊고 지냈던 자신을 일깨우고 싶어서라고 말했다. 새로운 삶을 시작하기에 앞서 용기를 냈다는 이도 있었다. 정상성의 범주에서 모든 것을 재단하는 관계에 피로감을 느끼고 치유의 걸음을 시작했다는 이, 조직을 이끌면서 직면하는 상처와 소진된 자존감을 돌보고 싶었다는 이, 휴양지 중심의 여행이 주는 한계적 경험을 거부하고 싶었다는 이. 나직하게 이어지는 일행들의 이야기는 다른 듯 나와 닮아있었다.

가장 인상적이었던 이들은 엄마와 딸이었다. 트레킹을 제안한 건 딸이라고 했다. 긴급하게 돌봄이 필요해진 가족을 살피느라 정작 자신을 챙기기 힘들었던 엄마를 위해서였다. 그들의 모습은 여정 내내 눈에 담겼다. 특히 엄마는 일행 중 가장 연장자였지만 힘든 기색 하나 없이 묵묵히 일행들을 챙겼다. 지친 일행들을 위해 조용히 맥주를 사거나 음식값을 계산하는 일처럼 말이다. 딸은 쾌활하면서도 예의 바른 '엄친 딸'의 전형 같았다. 엄친 딸이라는 말을 좋아하지 않는데 이것 말곤 달리 표현할 재간이 없다. 엄마를 여행 동료로서 다른 이들과 같이 존중하려는 딸의 태도와 묵묵히 딸을 지지하고 지켜보는 엄마의 모습을 닮고 싶었다. 그들이 사랑스러워서 자꾸만 말을 건네고 바라보았다.

이윽고 내 차례가 됐다. 나를 들여다보고 싶어 길을 나섰다고 말문을 열었다. 하지만 고산 트레킹은 한국의 산행과는 다르고, 고요함 속에서 한가로이 걸으며 사유하고 침잠할 수 있는 여정이 아니었음을 깨달았다고. 매번 힘든 몸에 버거워하며, 고산증세 속에 낭떠러지를 내려다보면서 위험한 상황에 날을 세워야 하는 일임을 절실히 느끼고 있다고 토로했다.

"머리가 계속 아파요. 예상은 했지만, 힘이 드네요. 지금 이 불안 역시 모든 과정이라고 받아들이려 노력 중이에요. 이런 심리가 반영된 건지 어젯밤에 설핏 잠이 들었는데 꿈속에서 아이가 미움을 받고 있더라고요. 당연히 아닐 것을 알면서도 이후 마음이 불편하네요."

기어이 눈물을 훔쳤다. 그간 애써 떨치려 했던 엄마 정체성이 터져 나오고 말았다. 기혼 유자녀 여성의 전형성의 꼬리표를 스스로 매단 기분이었다.

우려는 일행들의 반응에서 현실로 나타났다. 모두들 나서서 "백운희 선생님이 아이와 전화라도 한 통화 할 수 있도록 해주라."며 마음을 썼다. 인솔자는 "벅터 씨에게 이야기해 아침엔 아이와 통화를 하게 해 주겠다."고 답했다.

아, 이건 아니었다. 원치 않는데 선심성 혜택을 받을 때 기분이 이럴까. 입맛이 썼다. 이전까지는 뭔가 겉도는 존재 같았다면 이제는 약자가 된 느낌이었다. 고작 이런 마음을 확인하러 힘든 여정을 시작했던 것인지 회의가 몰려들었다.

일행 중 한 명인 노아가 '길치를 위한 노래'를 부른 것은 그때였다. 그가 직접 곡을 만들고 가사를 썼다고 했다. 그는 매력적이지만 한편으론 깊은 속을 가늠하기가 어려워 나로서는 조심스레 다가서도록 만드는 사람이었다. 그런 그가 직접 만든 노래로 모든 이들에게 말을 걸어오는 듯했다.

아, 그대가 사랑을 한다니
정말로 어려운 일을
시작했다고 말해도 될런지

여기 저기 치이고 다친 마음들이
길을 잃은 세상에서
길을 찾아간다는 건, 사람을 안아준다는 건
귀 기울인다는 건, 함께 고민하고 오래 답을 찾는 건

어렵고 복잡한 일이잖아

그러자 그대가 말했네
길을 잃었을 때, 이제 다 그만하고 싶었을 때
같이 걸어보자고, 저기 불빛이 있다고
아직 끝이 아니라고, 더 갈 길이 있다고
그 사람이 말해주었다고

우리 둘은 봄바람처럼 어두운 길을 헤매다녔네

이 길 끝에 무엇이 있을지
우리는 아직은 몰라
다만 내가 약속 하나 하지
그대가 길을 잃었을 때
절대 뒤돌지 않을 거야

같이 걸을 거야
깊이 안아줄 거야
아직 끝이 아니라고

더 갈 길이 있다고
오래 질문해갈거야

같이 대답해보자
한 번 살아보자
이 어려운 일을 시작해 보자

같이 대답해보자
한 번 살아보자
이 어려운 일을
시작해보자

언제부턴가 길을 잃고 산다고 여겼다. 불안하면서 억울했다.
길을 찾기 위해 악을 쓰며 버텼는데 갑자기 모든 게 사라지고
모르는 길에 혼자 남겨진 기분이었으니까.

노래는 말했다. 아직 끝이 아니라고, 더 갈 길이 있다고. 그
말이 가슴으로 스며들었다.

주위를 돌아보니 모두가 함께 울고 있었다. 갑작스레 터져
나온 눈물 덕분에 이전의 당혹감도 증발했다. 같이 길을 걸은

지 불과 며칠이었다. 여전히 낯설지만 힘든 과정과 위로의 시간 덕분이었을까. '그대는 길을 잘 가고 있노라'고 서로가 서로를 다독이는 느낌을 받았다. 상대를 배려하면서도 거리를 둘 줄 아는 이들에게 노래와 함께 친밀한 감정이 스멀스멀 흐르기 시작했다.

눈물과 연대, 추위와 불면의 밤을 지나며 내 생각은 내가 두고 온 곳, 내가 두고 오려 했던 정체성을 더듬어가고 있었다.

11

모 두   안 의

소 수 자 성

4년제 대학을 졸업하고, 비교적 주목받는 직종에서 정규직 노동자로 일했다. 아직 겉으로 드러난 장애는 없다. 이성과 연애를 하고 결혼을 했다. 임신과 출산, 육아를 경험했다. 그 과정에서 필요한 산전 검진, 조산 방지 입원, 산후조리까지 경제적 어려움 없이 받을 수 있었다. 금융권 대출을 바탕으로 주택 소유 여부에 '자가'라는 타이틀을 확보했다. 물가 수준이 높은 서울에서 홑벌이라고 일컫는 '남성 생계자 부양자-여성 가계보조자 모델'과 무급의 시민단체 활동가를 병행하면서도 생계를 그럭저럭 꾸려가고 있다.

이렇게 보면 나는 사회가 규정하는 소수자나 사회적 약자와는 거리가 있어 보인다. 하지만 당연하게도 내가 선 자리에는 다양한 정체성이 존재했다. 대표하는 몇몇 장면이 있다.

2차 성징이 시작되고 사회적 촉수가 예민해지던 초등학교 6학년 때였다. 담임이 교실에서 갑자기 "너 영세민이냐?"고 물었다. 단어의 뜻을 몰랐지만, 그의 목소리와 태도에서 자랑할 만한 일은 아님을 감지했다. 영세민은 '수입이 적어 몹시 가난한 사람'이라는 사전적 의미와 함께 정부에서 기초생활수급대상자로 지정해 도움을 주는 이를 일컫는다는 것은 나중에 알았다. 그는 성장이 빠른 여학생들의 뒤에서 브래지어 끈을 잡아당기거나 가슴을 만지고 남학생들에게 누구 가슴이 큰지를 웃으며 말하던 교사였다. 우리는 모두가 피해자였음에도 서로를 의식하고 수치심을 느껴야 했는데 이를 참다 못한 내가 "야, 이 XXX아!"라고 욕설을 내뱉은 뒤로 교묘하게 나를 괴롭혀왔다.

그의 말대로 경제적 기준으로 보면 나는 사회적 약자였다. 학교에서 가난을 이유로 차별받은 경험은 이전에도 있었고 어지간한 일은 혼자 삭이고 말았지만, 이날은 어째선지 집에 와서 영세민이 무엇인지를 물었다. 그리고 얼마 뒤, 형편이 나아진 것일까 아니면 자식이 자존심을 다친 게 마음 쓰였던 걸까. 아버지는 "우리는 이제 영세민이 아니다."고 말했다.

형편은 줄곧 빠듯했다. 하지만 주눅 들지는 않았다. 생활력만큼이나 자존심이 강하고 자식들이 당당하기를 바랐던 부모님은 필요한 일에 늘 지원을 아끼지 않았고 육상, 그림, 글짓기, 학업 성적까지 여러 방면에서 뛰어난 언니들과 오빠가 있었기 때문이다. 가난해도 선망받는 대상이 될 수 있고, 공부를 잘하면 지지를 받을 수 있음을 체득해온 환경도 무시할 수 없으리라.

척박한 토양에서 뿌리내리려 노력하며 살아 온 이들은 안다. 갈 길이 아득하면 위축될 겨를도 없다는 걸.

살던 곳에 갑자기 댐이 생긴다며 동네가 한순간에 물에 잠길 상황이 되자 여섯 식구는 윗 지방으로 이사를 왔다. 경상북도의 한 집성촌이었다. 혈연중심 마을공동체에서 우리 가족은 '타성'으로 분류돼 스며들기가 어려웠다.

배제의 기억은 아주 어린 날부터 남아있다. '묘사'라고 불리는 기제사날이면 동네 아이들 모두 제실로 몰려가 떡이나 문어꼬리 같은 제사음식을 받아먹었다. 나만은 예외였다. 굳이 나를 가려내야 했던 이유는 "타성받이가 왜 여기 있느냐."는 물음에 담겨있었다. 모르는 척 "저도 달라."며 시루떡 한 조각을 끝내 받아왔던 날, 부모님에게는 이야기하지 않았다.

가족 모두 서러움에 잠겼던 날도 있다. 앞집에서 기르던 닭이 갑자기 죽었다며 범인으로 오빠가 지목됐다. 평소에도 오빠가 활쏘기 놀이하는 모습을 봤으니 손해를 배상하라는 거였다. 증거 없이 제 자식을 탓하는 이웃에게 부모님은 항변했고 곧 언쟁이 벌어졌다. 싸움이 커져서 동네가 떠들썩했는데 겁에 질려 울음을 터트렸던 나와 길에 서서 재미난 구경마냥 이를 바라만 보던 이웃들의 모습, 며칠 동안 앓아누웠던 엄마의 등을 기억한다.

눈치껏 판단하고 스스로 고민해서 결정하는 일을 빨리 시작했다. 부모님의 양육방식도 한몫했다. 자식들의 결정을 절대적으로 존중했다. 경제, 문화적 자본이 없으니 아이들 스스로 살 길을 찾아 가길 바랐던 양육자의 최선이었을 것이다. 그렇다고 방관하지도 않았다. 눈·비가 쏟아져도 우비를 입히고 경운기에 태워서 반드시 학교를 데려다주던 아버지가 있었고, 농사일과 집안 살림을 억척스럽게 해내면서도 봄이면 화전을 부치고, 여름에는 손톱에 봉숭아물 들여 주며 여유를 찾으려 했던 엄마의 애정을 기억한다.

자율에는 책임이 따랐으니 선택을 하면 최선을 다해야 했다.

내 이력에는 교육과 관련한 세 가지가 없다. 선행, 사교육, 사학. 오로지 공교육에 의존해야 했다. 학교 수업에서 어떻게든 배우고 익히려고 애를 썼다. 대학 역시 비교적 학비 부담이 덜한 국립대를 택하는 게 당연했다. 나 같은 경우를 처음 접한다며 신기해하는 사람들이 많다는 건 최근에야 알았다.

기자 시험을 준비하며 방송 아카데미를 다닐 때였다. 수강생들 사이에서 연고-고연전이 화제에 올랐고 갑자기 "어느 대학을 나왔느냐."는 질문이 날아왔다. 순간 당황해서 "서울에서 대학을 다니지 않았다."며 얼버무렸다. 이어진 물음은 "그럼 어느 나라에서 대학을 다녔느냐."였다. 외국과 서울은 있으나 지방은 없는 인식 안에서 지역 국립대를 졸업한 나는 '있어도 없는 존재'를 자처했다. 처음 그의 질문에 출신 대학을 거리낌 없이 이야기하지 못할 거였으면 무례하고 차별적인 시각을 지적하기라도 했어야 했다. 그도 아니면 '내가 나온 대학이 뭐가 어때서'라며 혼자 정신 승리는 하지 말았어야 했다. 비주류임을 의식하는 일은 역설적이게도 주류를 향한 갈망을 증명했다.

여성이라는 성별은 삶의 궤적에 영향을 미쳤다. 김현경은 《사람, 장소, 환대》에서 "국적, 인종, 성별과 같이 본인의 의지와 선택이 아니라 우연하고 부수적으로 주어지는 것은 누군가의 정체성을 설명하는 핵심요소가 될 수 없다."고 지적했다. 여성으로서 정체성은 성별이 아니고 '체화된 속성'이라고 말이다. 시몬드 보부아르는 "여자는 여자로 태어나는 것이 아니라 만들어지는 것"이라고 말했다.

여성으로서 나의 속성을 인식하게 된 '페미니즘 모멘트'는 본격적으로 사회생활을 시작한 시점부터였다. 바라던 대로 기자가 됐지만 나를 기자보다는 여성으로만 대하려는 이들이 다발적으로 등장했다. 여성이기에 제약받는 현실을 부정하려 들수록 자기 검열과 자기혐오도 반복됐다.

입사 후 회사에서 처음 '출입처'를 받을 때였다. 사건 사고를 가장 가까이서 접하는 사회부 사건 팀이나 선거를 앞둔 정치부를 지원했는데 정작 문화부로 배치됐다. 낙담했지만 '동기들보다 내 능력이 부족해선가?'라고 넘기고도 싶었다. 그런데 이후 인사권을 쥔 상사의 한 마디가 꽂혀왔다. "나도 딸을 둔 아빠라서 그런지 아무래도 여기자는 사건이나 정치보다는 문화 쪽이 편하겠더라고? 내 말이 맞지? 정치 이런 쪽은 여자들에게 험해서 안 돼."

"야, 너 기자 할 거야? 여기자 할 거야? 그것부터 확실히 해!"

기사 방향이나 취재 방식에 반론을 제기하면 뜬금없이 성차별적 발언을 던지는 (남성) 선배도 있었다. 그가 말하는 여기자는 '근성이 부족하고 열심히 하지 않는'의 대명사였다.

이전보다 숫자가 늘었다고는 하지만 취재 현장에는 여성 기자가 상대적으로 적다. 특히 연차가 높아질수록 여성 기자는 드물다. 한국언론진흥재단의 '2019 한국언론연감(잠정치, 2018년 반영)' 자료에 따르면 언론 산업 종사자의 기자직(3만 1,364명) 가운데 남성은 68.5%, 여성은 31.5%다. 전과 비교해 여성 비율이 점차 증가하고 있다지만 여전히 남성 중심 직군이다.

기자들이 업무와 관련해 접하는 취재원 역시 성별과 연령의 쏠림이 심하다. 방송통신위원회의 2018 미디어 다양성 조사를 보면, 2018년 1~9월 지상파와 종합편성채널의 메인 뉴스에 등장한 정보원의 성별 비율은 남성 74.4%, 여성 25.6%였으며 연령은 50~69세가 정보원의 절반 이상(55.7%)을 차지했다. 실제로 일터에서 동료 기자는 물론 출입처 관계자, 취재원들은 남성 중심이었고 여기자를 바라보는 시각도 성별화된 경우가 많았다. 기자실에서 기자들이 모여 여자 동기들의 '얼평(외모평가)'

을 했다는 이야기가 아무렇지 않게 전해질만큼 여성 기자는 업무 성과보다는 외모나 성격으로 평가되고 '까칠하다'와 '헤프다'의 이분법 속에 놓였다.

"A는 화장이 너무 진해. 그리고 만날 웃음을 흘리고 다니잖아."

"B는 복장이 승무원이나 비서 같아서 기자로서 전문성이 떨어져 보여."

"구두 굽 소리만 들으면 C인걸 알겠더라. 하이힐 소리 진짜 거슬려."

젠더 감수성과 다양성에 취약한 언론 환경은 복잡하고 파편화된 사회와 시대변화를 반영하지 못한 채 오히려 성차별적이고 여성 혐오적 시각을 담아내는 역할을 담당하기도 한다. 그 안에서 여성들은 커버링(Covering)의 압력에 놓인다. 사회가 정한 틀과 기대에 녹아들며 주류에 동화되기를 강요받는 것이다. 여성이라고 대놓고 차별하진 않더라도 여성의 몸이 가진 특별한 상황, 생리나 임신, 출산 등을 티 내지 말 것을 명시적이고 암묵적으로 요구받는 상황이 대표적이다. 임신 초기에도 당직이나 야근이 당연하고, 사무실과 회식 자리 앞에서 담배를 피우는 선배들에게 불편함을 드러내지 못 하는 일처럼 말이다.

경제력과 성장 환경은 주변부의 삶을, 여성으로서 정체성은 내가 약자임을 깨닫게 하는 과정이었지만 모든 경험이 약자로만 머무른 것은 아니었다. 20대 여성에게 꼬박꼬박 '님'을 붙여가며 대접하는 태도는 기자가 가진 사회적 영향력 때문일 것이다. 또한 지역 국립대(지방대라고 쓰지 않고 굳이 지역 국립대라고 표현하는 모습만 봐도) 역시 소위 스펙 경쟁에서 불리한 위치에만 놓이지는 않는다. 대학 졸업장이 아무리 흔하고 학력 인플레로 석박사가 주위를 둘러싸고 있다 해도, 형편 때문에 대학을 가지 못한 이들에게는 학사 학위도 특권이다.

이처럼 속한 환경과 선 자리에 따라 '앎의 위치성'은 달라진다. 모든 여성이 사회적 약자는 아니듯 나의 이력 역시 기득권일 수 있다. 사회적 강자에 속하면서도 자신을 약자라고 여기는 자기 연민이 가장 위험하다. 남을 돌아볼 여유가 없고 자기 손톱 밑 가시에만 집중하게 되니 말이다.

약자성에 머무르지 않고 '교차성'을 깨닫기 시작한 것은 엄마가 되면서였다. 돌봄의 경험은 상대의 반응에 기민하게 대응하는 힘을 키웠다. 나와 타인의 감정, 폭력 안에 녹아든 사회 문화적 맥락을 읽어내는 훈련을 거듭하게 하면서 미세한 폭력도 감지할 수 있는 예민한 촉수를 갖게 했다.

'기혼 유자녀 여성'의 자리는 또 다른 차별과 억압을 감당하게 되는 일이었다. 주변에서는 이르다고 만류했지만, 결혼이라는 법률관계를 택했을 때 나는 무척 홀가분했다. 사랑하는 사람과 안정적으로 삶을 영위해 나갈 것도 좋았지만 끊임없이 평가받고 대상화되는 미혼 여성의 위치를 벗어남으로써 타인의 시선에 얽매이지 않은 존재가 되리라 여겼다.

하지만, 임신하는 순간부터 내 몸조차 의지대로 따라주지 않았다. 간신히 10개월을 버티고 마주한 출산의 경험은 생의 전복과도 같았다. 의료기기가 발달하고 의학 기술이 아무리 발전한들 출산 과정에서 여성이 목숨을 내걸어야 하는 일은 변하지 않았다. 관장, 회음부 절개, 다리를 벌린 자세에서 힘까지 줘야 하는 극한의 고난은 고작 시작, 일 뿐.

"애나 잘 키워라."
"애만 키워서는 안 된다."

애나 잘 키우면서 애만 키우면 안 되는 일이 가능하기나 하단 말인가. 엄마에게 들이미는 사회의 잣대는 가혹하고 이중적이었다. 엄마 외의 정체성을 내세울라치면 엄마 자격이 없는 것으로 취급하며 비난을 쏟아냈다. 일로 만나는 이들마저 대화의 물꼬를 아이와 육아로 시작했다. 마치 그것이 예의라고 대동단결한 듯했다. 그러다 보면 어김없이 "아이는 누가 키우나?", "둘째는 언제 낳을 거냐?", "저출산이 참 문제다."로 이어지는 익숙한 참견과 훈계가 꽂혀왔다.

《선량한 차별주의자》에서 김지혜는 "더 약자이고 소수자일수록 입체성과 개별성을 획득하기 어렵다."라고 말한다. 엄마를 정형화하는 것은 그만큼 엄마가 약자임을 보여주는 일이다. 기득권을 갖지 못한 엄마는 스테레오 타입으로 뭉쳐지거나 '맘충'과 '개념맘'으로 분류될 뿐이었다.

아이를 데리고 외출할 때면 아이가 자연스레 내비치는 호기심과 움직임이 혹시라도 주변에 불편을 줄까 봐, 정확히는 이를 제지하지 못해 내가 '맘충'으로 간주될까 봐 몸을 사렸다. 또, 유아차로 넘기 힘든 인도의 턱과 진입 경사로, 엘리베이터가 없는 전철역, 기저귀 갈 곳이 없는 다중이용시설을 경험하며 우리 사회가 약자들에게 얼마나 척박한지 실감할 수 있었다. 경력단절 여성이 되고 나서는 자본을 최우선으로 여기면서도 돌봄 노동을 천시하고 비하하는 풍조와도 마주했다.

익숙했던 세상과 결별하는 일은 몰랐던 세상을 끌어오는 일이었다. 정희진은 《페미니즘의 도전》에서 "인간은 누구나 소수자이며, 누구도 모든 면에서 완벽한 진골일 수는 없다. 중심과 주변의 이분법 속에서 자신을 당연한 주류 혹은 주변으로 동일시하지 말고, 자기 내부의 타자성을 찾아내고 소통해야 한다."고 했다. 이는 트레킹을 하면서 일행들 사이에서 내가 느낀 감정과 정확히 궤를 같이했다. 일행은 단순히 히말라야를 걷는 것이 아니라, 지진의 아픔과 상처에 공감하고 치유에 동참하려는 이들이었기에 사회문제에 관심이 많고 관련 활동에도 인연이 닿아 있었다. 내가 그동안 접했던 어느 집단보다도 타인에 대한 존중과 공감지수가 높았다. 하지만 이들을 하나로 뭉뚱그릴 수는 없었다. 저마다 선 자리가 달랐고, 자신을 정체화하는 방식도 제각각이었다. 드러나지 않고, 짐작할 수 없는 미지의 서사는 말 하나 마나 일 것이다.

생물학적 여성의 성별이 같다 해도 '기혼 유자녀 여성'의 정체성으로만 본다면 나는 소수자였다. 대부분 비혼이었다. 나의 상황과 그로 인해 빚어지는 감정에 대해 다른 이들이 충분히 공감할 수 없는 노릇이었다. 굳이 표현하자면 페미니즘에는 공감하지만 엄마 페미니즘에 대한 인정과 관심은 별개라고 할까?

비혼 중에서도 1인 가구 생활자, 가족과 함께 거주하지만 독립성을 보장받는 경우, 가족과 살면서 돌봄을 주로 맡고 있는 처지 역시 달랐다. 시민사회단체에서 일을 하는 활동가라고 할지라도 영향력을 지닌 기성 활동가와 막 진입한 청년 활동가의 결이 다를 수 있는 것처럼. 당시 서서히 발화되고 있던 문단 내 성폭력 공론화나 시민사회단체 내 활동가 간 위계 문제 등을 두고도 미묘하게 엇갈리는 견해를 엿볼 수 있었다.

그런데도 일행들에게 서로 교차하는 지점과 느슨한 연대가 있었다. 나 역시 다양한 정체성과 결을 지닌 사람들 속에서 내가 지닌 특권을 인식하는 동시에 소수자이자 약자가 될 수도 있음을 깨우쳤다. 다른 이들의 개별성과 권리는 더욱 와 닿았다.

다양한 측면에서 경험이 쌓이면 세상을 바라보는 질감이 달라진다. 그간 깨닫지 못한 영역에서 소외의 대상이 된 이들을 바라보려는 시각이 생겼다. 공감과 상상력이 발휘되는 것이다.

양육 당사자와 괴리된 채 만들어지는 돌봄 정책처럼 '비장애인들이 설계하고 구축한 세계에서 살아가는 장애인들의 삶'(김원영)이 엿보였다. 그리고 축제의 대상으로 소비되는 동물, 식이 섭식의 어려움을 가진 채 집단 시설에서 생활하고 급식을 먹어야 하는 아이들, 차별받고 죽음으로 내몰리는 비정규직 노동자, 혐오와 차별에 고통받는 성소수자, 학생의 생사여탈권을 지닌 교사 등의 성폭력으로 피해를 호소하는 스쿨 미투 고발자 등 성별, 성적지향, 장애와 질병, 경제력 정도, 아동, 이주 노동자, 동물, 환경 문제까지 사회의 약한 곳을 들여다보려는 시선으로 확장됐다. '정치하는엄마들'을 만나 목소리를 내고 행동하는 일은 그래서 필연이었다.

12

악착같이
달라붙던
이름 ,
엄마

산에 올라갈수록 몸의 반응 정도가 한층 커졌다. 자고 일어나니 얼굴이 퉁퉁 부었다. 일행들도 마찬가지. 눈두덩이 속에 눈동자가 묻혀 버렸다. 간밤에 보온병에 넣어 뒀다가 미지근하게 식어버린 물로 간신히 얼굴을 닦고 양치를 하는 게 꾸밈과 위생을 위한 노력의 최대치였다. 그래도 새삼 서로의 모습이 민망했다. 머리를 못 감은 게 며칠째이던가. 히말라야에 간다는 말에 이웃이 직접 떠서 선물해 준 '빨간 털모자'를 이제는 벗을 수가 없었다. 품위 유지를 위해서도, 상대를 배려하기 위해서도. 나는 시방 위험하다.

아침 식사를 하러 가니 한국에서 전화가 왔다는 소식이 기다리고 있었다. 남편이었다. 걱정 많은 사람이 안 그런 척, 대범한

척은 다 하더니. 이틀 연락 두절에 애가 탔나 보다. 아니면 떠나
기 전날 말다툼을 벌였던 것이 미안했기 때문일까.

히말라야를 가겠다는 나의 선언에도, 이후 준비하는 몇 달
동안에도 별말 없이 항공권을 함께 찾아주고 등산용품 구입을
묵묵히 돕던 남편이기에 충분히 지지받고 있다고 생각했다. 하
지만, 출국 며칠 전부터 그는 날을 세우기 시작했다. 그제야 "정
말 가야 하는 것이냐."고 물었다. 서로 비판의 수위가 높아지고
이러다 선을 넘겠다는 생각이 들면서 서로 입을 닫아버렸다. 공
항에서 연락을 주고받았지만 마음속 앙금은 남아있었다. 어쩌
다 보니 비상 연락망조차 전해주지 않고 왔다. 전화 한 통 하려
고 남편이 기울였을 노력과 마음고생이 그려졌다.

"당신 괜찮아?"

나직하지만 조급함을 숨기지 못한 목소리가 들리자 눈물이
핑 돌았다. 마을에서 축구하던 아이들, 로지에서 동생의 머리를
빗겨주던 어린 누이의 얼굴. 그리움을 일으켰던 장면과 공간에
는 '딸'로만 가득 찼다고 여겼는데 아니었다. 그의 걱정 섞인 한
마디에 수많은 감정이 북받쳐 올랐다. 그런데도 마음과는 달리

목소리가 삐죽하게 나갔다.

"그럼. 다 괜찮지, 걱정 마. 며칠 연락 안 될 거라고 했는데
뭣 하러 전화를 했어?"

위성 전화 비싸. 한국에 있는 가족과 통화한 사람이 나 밖에
없으니 눈치가 보여. 나는 엄마이자 아내의 모습으로 여기 서
있는 게 아닌데 이러면 내가 약해지잖아.

속엣 말은 삼킨 채 서둘러 통화를 마쳤다. 불과 지난 밤, '전
화기를 빌려 쓸 수 있다면 아이 목소리를 듣고 싶다'는 바람이
예기치 못하게 어그러졌다. 남편은 반가웠지만 한편 이로 인해
아이와 통화할 수 없게 된 것만 같아 속이 상했다. 아이가 사무
치게 그리우면서도 "엄마!"하고 부르면 모든 걸 놓을 것만 같아
불안한 상태가 아슬아슬하게 이어져 오고 있었다. 이런 마음으
로 어떻게 아이와 거리를 두겠다는 결심을 한 것인지. 한편에선
나는 엄마이고, 그러니 아이가 그리운 것은 당연한 감정인데 이
를 억누르려 안간힘을 쓰는 일이 오히려 모순이라고 속삭였다.

내적 충돌이 한창인데 일행들은 남편의 전화를 처음 받은 인
솔자의 태도를 두고 농담을 주고받고 있었다. 아내와 연락이 되

지 않는다며 별일 없는지 조심스레 물어 온 남편에게 퉁명스레 대했었나 보다. 당혹스러웠다. 직접 보지 않았으니 태도의 옳고 그름을 판단할 수는 없었지만, 당사자를 두고 이를 농담으로 소비하는 상황 자체만으로 불편했다.

아내를 걱정하는 마음과 노력 앞에 '유난하다'는 반응을 돌려받은 내 남편의 마음은 어땠을까? 한편으로는 내게 서운함은 한 곳도 비치지 못한 그 사람이나 이를 알아채지 못한 나도 답답했다.

어린 자녀를 둔 엄마이자 누군가의 아내로서만 규정되고 싶지가 않았다. 그렇다고 나의 정체성에서 엄마이자 기혼자의 상황을 배제할 수도 없는 일이었다. 그러나 놀림거리가 되거나 비난받을 일은 아니었다.

그때 나는 말해야만 했다. "불쾌하다."고. 그리고 인정해야 했다. 나를 규정하는 호칭과 정체성을 떨치고 싶다면 내면과 싸우는 일만큼이나 외부의 편견과 시선에 당당히 대응해야 한다는 사실을.

13

랑 탕   마 을

-

캉 진 곰 파

랑탕 트레킹의 종착지 체르코리 등반을 위해 베이스캠프 격인 캉진곰파로 향했다. 거리는 7.5km 내외다. 전날의 절반 정도 거리지만 해발고도가 3,800m까지 올라간다. 예상 소요 시간은 3시간. 체력과 고산증세에 적응하는 정도에 따라 늘거나 줄어들 것이다.

두통약 한 알을 먹고 나섰다. 발걸음은 더욱 더 무거워졌다. 숨이 가빠져서 서너 걸음 가다가 멈추기를 반복했다. 풍경은 스산하고 사위가 고요한 가운데 오로지 걷는 시간만이 흘렀다. 나무판 수십 개를 줄로 묶어 등에 메고 걸어가는 사내가 보인 건 그때였다. 절로 무게가 느껴졌다. 다른 이의 고통을 보며 자신을 위안하는 일만큼 비겁한 것은 없다고 여겨왔는데 위로가 됐다. 애잔하면서도 숭고한 그의 노동에 빚을 지듯 힘을 냈다.

고산에서는 식료품 하나, 건축 자재 하나도 거저 얻어지지 않았다. 사람의 몸은 모든 운반 수단에 우선했다. 그리고 나귀들이 있었다. 곡물 자루를 실어 나르느라 거친 숨을 내뱉는 나귀들과 이들을 모는 소년들을 매일 마주했다. 얇은 트레이닝복, 흙먼지로부터 발을 지켜줄 리 없는 슬리퍼 차림이었다. 우리로선 조용히 길섶으로 비켜나 이들을 방해하지 않는 게 최선이었다.

손에 스치기만 해도 극심한 통증을 일으킨다는 가시 잎 식물을 포터 친구들은 아무렇지 않게 따서 주머니에 담았다. 달밧과 반찬처럼 섞어 먹기 위해서란다. 쐐기풀도 고산에서는 중요한 재료가 된다. 여성들은 그 거친 풀에서 실을 뽑아내고 스카프와 옷을 만들어냈다. 자연에 순응하면서 또 극복해가는 삶을 이방인이 단번에 담아내기란 어려운 일이었다.

점심나절 도착한 캉진곰파는 따스했다. 볕이 잘 드는 고지대의 평원에 스위스풍 로지들이 자리를 잡았다. '곰파'는 티베트 라마교의 '절'을 의미한다는 데, 정말 절터가 있다. 라마승과 소에 얽힌 랑탕의 유래가 절로 떠올랐다.

숙소에 도착하니 다양한 국적의 트레커들이 가득 모여 있다.

여행자들이 만들어 내는 특유의 편안하고 자유로운 분위기와
주인이 마련한 된장국에 쌀밥, (충분히 시어 버린) 김치 밥상에
일행들의 표정이 한결 밝아졌다. 식욕도 살아났다. 익숙한 음식
이 가져온 힘에 새삼 탄복하며 감사히 밥을 먹었다.

체르코리 등반을 위한 고산 적응 차, 로지 뒤편 언덕에 오르
기로 했다. 말이 언덕이지 규모 면에서는 거대한 산 같았다. 후,
후 숨을 쉬어가며 걸음을 내딛어보지만 가슴이 더욱 조여 오고
다리는 온전히 힘이 풀려 버렸다.

4,000m 지점까지 간신히 올랐다가 내려온 뒤 몸 상태가 더
욱 나빠졌다. 머리가 깨질듯했다. 속이 메슥거리고, 심장 박동
소리가 밖으로 튀어나올 듯 거세졌다. 결국 고산병약 한 알을
더 입에 넣었다. 약효가 돌면서 소변이 자주 마려운 빈뇨감과
손발 저림이 더욱 잦아졌다. 체르코리까지 갈 수 있을까? 자신
감이 점점 옅어졌다. 이를 알아차리기라도 했는지 벅터 씨가 말
문을 열었다.

"여기까지 모두가 함께 온 것도 대단한 겁니다. 전문 산악인
이 아니라면 트레킹에 나섰던 이들 대부분이 캉진곰파에서 다

시 내려갑니다."

　반드시 체르코리까지 올라야 한다는 부담을 갖지 말라는 이
야기였다. 캉진곰파에는 헬기장이 있다. 시간이 부족하거나, 경
제적으로 여유가 있는 이들, 또는 몸 상태가 좋지 않은 이들은
헬기를 타고 바로 카트만두로 향한다고도 했다.

　우리는 다시 걸어서 하산한다. 내려갈 힘도 안배해야 한다.
가이드 겸 포터 한 사람과 트레킹을 나섰던 한국인 남성이 캉진
곰파에 오르던 중 고산증세가 심해져 다시 내려갔다고 했다. 우
리 일행을 향해 계속해서 "여자들끼리만 왔냐."고 말을 걸고 변
죽을 울려 곱게 보지 않았었는데, 막상 고산증세가 왔다는 말을
들으니 걱정스러웠다.

　고산병은 의지로 극복할 수 있는 문제가 아니다. 고도가 낮
은 곳에서 단기간에 해발 3,000m 이상 되는 고지대로 올라가
면 산소가 부족해질 수밖에 없고, 뇌에 공급되는 산소량이 줄어
드니 몸이 급성 반응을 하게 된다. 증상은 이마 쪽 심한 두통,
식욕 저하, 메슥거림, 구토, 권태감, 소변량 감소, 수면 장애 등
이 있다.

　정상적인 보상 반응, 즉 순응력은 사람마다 다르다. 나이가

젊다고, 평소에 운동량이 많다고 순응력이 좋다고만 볼 수는 없다. 오히려 등산 속도, 고지대에서의 신체 활동량 등의 요인에 영향을 받는다고 한다. 심각하면 사망에 이를 수도 있는 만큼 몸 상태가 나빠지면 즉각 조처를 취해야 한다. 한국에서 사전 모임을 했을 때부터 각종 서적과 참고 사이트, 심지어 주변인들도 내내 강조했던 바였다.

"절대 욕심내지 말고, 몸이 보내는 신호에 귀를 기울여라."

팔딱이는 심장 박동 소리에 살아있음을 실감하면서도 다가오는 밤이 두려웠다. 눈꺼풀은 무겁고 몸도 물 먹은 솜 마냥 늘어지는데 두통이 또다시 수면을 방해했다. 단 한숨도 자지 못한 채 날이 밝았다.

쐐기풀도 고산에서는 중요한 재료가 된다. 여성들은 그 거친 풀에서 실을 뽑아내고 스카프와 옷을 만들어냈다. 자연에 순응하면서 또 극복해 가는 삶을 이방인이 단번에 담아내기란 어려운 일이었다.

14

캉진곰파
-
체르코리

띠리리링, 삐삐삐

새벽 다섯 시. 로지의 모든 방에서 알람 소리가 동시에 울렸다. 여느 날보다 이른 새벽 등반을 시작했다. 갈 길이 멀었다. 걷다 보면 거추장스러울까 두꺼운 방한 패딩을 숙소에 두고 나섰는데 곧바로 후회했다. 이전과는 차원이 다른 한파가 몰려왔다. 손끝이 시리다 못해 아릴 지경이었다. 털장갑 위에 방한 장갑까지 두 겹으로 손을 감쌌지만, 오히려 장갑을 벗고서 입김을 불어주는 게 따뜻하게 느껴졌다. 그 와중에 쥐어짜듯 조여 오는 가슴을 몇 차례나 두드렸다.

간밤에 로지에 모여 앉아 "저는 여기까지 온 것으로 충분하다."고 진심 반 농담 반 운을 떼자 "몸은 마음을 따라간다. 이번 여행에서 무얼 원하는지 정확히는 모르겠지만 그래도 도전해 보는 것이 좋지 않겠느냐."고 B 선생님이 진지하게 건넸던 말이 떠올랐다. 최선을 다하길 바라는 그의 뜻을 이해하면서도, 졸지에 해보지도 않고 쉽게 포기하는 사람이 된 듯해 머쓱하기도 했다.

최선은 어디까지여야 할까?

헤드랜턴을 켜고 잘 보이지도 않는 길을 비추며 생각했다. 발걸음이 더뎌지니 츠윙이 내 옆으로 바짝 다가서는 것이 느껴졌다. 한 시간쯤 갔을까. 얼어붙은 냇가를 건너고 언덕을 오를 때쯤 갑자기 구토가 나왔다. 몸이 신호를 보내는 거였다. 체르코리 정상을 오르겠다는 욕심, 최선을 다해 하늘 가까이에 닿아 친구의 이름을 목 놓아 부르겠다는 사무침이 육체의 한계와 두려움에 밀렸다. 설령 더 걸어간다 해도 춥고 어지러워 곧 쓰러질 것 같은 몸으로 다시 돌아올 길은 자신할 수 없었다. 결정을 내려야만 했다.

돌아가자. 이게 최선이야.

발걸음을 돌렸다. 츠윙이 함께였다. 늘 수줍게 적정 거리를 유지하던 그가 갑자기 내 허리를 껴안았다. 이후로도 넘어질 듯 위태위태한 나를 지탱해 준 건 그였다. 작고 거대한 존재가 어색하면서도 고마웠다. 최선을 다해 나를 위하는 마음이 고스란히 느껴졌다. 어쩌면 우리 둘 사이를 좁히지 못한 건 언어의 장벽과 쑥스러움을 많이 타는 기질만은 아니었을지도 모르겠다. 내 몸 하나 건사하기 힘들었던 체력, 여성 포터를 향한 조심성으로 매번 몸을 사렸던 지난날들을 떠올리며 그에게 의지한 채 숙소로 돌아왔다.

거짓말처럼 잠이 쏟아졌다. 그간의 불면을 보상하듯 햇살이 들이치는 침대에서 두 시간을 푹 잤다. 잠에서 깨니 애초 등반에 나서지 않았던 이들, 등반을 포기하고 내려온 일행들이 숙소에 모여 있었다. 잠을 잤기 때문인지, 내려놓고 나니 홀가분해져서인지, 처음으로 마음에 여유란 것이 생겼다. 워낙 대기가 건조하다고 해서 챙겨갔던 마스크 팩도 붙여봤다. 세수도 제대로 못 했는데 마스크 팩이라니, 이런 호사가 없다. 볕이 잘 드는 로지의 창가 자리에 앉으니 팩의 서늘한 감촉도 시원하게만 느껴졌다. 낮에도 온기를 유지하고 있는 난로 옆에서 커피를 마시고 밀린 일기를 쓰기 시작했다.

극한 상황 속에서 낯선 이들과 오랜 기간 함께하는 것이 새삼 어려운 일임을 실감했다. 모두가 체력적으로 힘들어하면서도 상대를 지나칠 정도로 배려했다. 여행 경험이 다양하고 공감 능력이 뛰어난 이들이어서 다행이었지만, 그런데도 알아차리지 못하는 생채기를 내기도 하고 넘치는 배려가 오히려 피로감을 주기도 했다. 아침에 일어나 잠이 드는 순간까지, 아니 잠을 잘 때조차 끊임없이 의식해야 하는 상대가 존재하는 일은 에너지를 소진하는 일이었다. 제대로 된 쉼이 없기 때문이다.

아이마저 떠나온 여행. 타인의 욕망에 감응하지 않고 오롯이 나의 욕망에만 집중하고 싶었다. 그러나, 그럴 수가 없었다. 엄마와 딸, 친구 사이에 같은 방을 쓴 이들은 그나마 나았을지도 모르겠다. 룸메이트였던 J 선생님은 나이, 처한 상황, 기질 등 나와 다른 점이 많았다. 이미 자녀들은 성인으로 자랐고 자기 사업체를 운영하는 데서 오는 여유와 경륜이 묻어났다. 내가 불편을 주기 싫어 나름대로 용을 썼듯, 조심스럽기는 상대도 마찬가지였을 것이다.

날이 저물고 주위가 어둑해질 무렵에야 체르코리 정상을 밟은 일행 4명이 짝꿍 포터들과 함께 차례대로 돌아왔다. 몸 상태는 모두 달랐다. 그 중 벅터 씨가 챙겨간 산소통에 의지해 등반을 성공한 M 선생님도 있었다. 녹초가 돼버린 그는 일행들이 건네는 영양제를 먹고, 따뜻한 물을 마시고도 한참 넋이 나간 듯 보였다. 이후 그는 당시 상태에 대해 '무념무상의 유체이탈 경험', '몸과 마음이 화학적으로 재구성된 느낌'이라는 표현으로 회상했다. 자기 자신은 물론 극한 외부 환경과의 싸움에서 끝까지 포기하지 않으려 했던 그의 노력이 놀랍고, 쟁취한 경험 자산이 부럽기도 했다.

안다. 우리는 모두 각자의 방식으로 최선을 다했다. 결과가 달랐을 뿐이다. 정상을 밟지 못했지만, 대신 평온하고 오롯하게 스스로를 바라볼 수 있어 더없이 충만했다.

기억하려 한다. 어느 날 누군가에게 선의로 무장한 채 "최선을 다하라."며 섣부른 말을 건네지는 않았는지. 나의 의도와는 무관하게 이는 때때로 응원이 아닌 오만함이요, 상대에겐 고통과 억압의 경구가 될 수 있음을. 그리고 엄마로 살아온 나의 지난날 또한 내가 할 수 있는 최선의 날들이었음을 말이다.

15

흔 하 지 만
서   러   운
나   의
퇴   사   기

'비정한 엄마'가 되고 싶지 않았을 뿐인데 '경력단절 여성'이 되었다. 비정한 엄마도, 경력단절 여성도 결코 원하지 않았다. 그러나, 나는 그렇게 불렸다.

기자로 일하는 동안 몇 번이고 '일과 가정의 균형'이 중요하다고 문제를 지적하고 방향을 제시하는 기사를 썼지만, 정작 양육자로서 내게 일과 가정의 균형이란 요원하기만 했다. 서둘러도 저녁 7시가 넘어야 기사 마감 후 교열, 지면에 실릴 편집 형태의 신문 대장을 확인하는 일이 끝났다. 이후에는 부서 또는 편집국 회의가 기다리고 있었다. 택시를 타고 서둘러도 어느새 시간은 8시에 가까웠다. 취재원과 저녁 식사, 회식이 있는 날은 제외하고도 말이다.

직장에서 퇴근하면 어린이집 종일반에 있는 아이를 데리고 집으로 돌아와 육아 출근을 했다. 저녁을 지어 먹이고 몸을 씻긴 뒤, 오랜 시간 보지 못한 미안함과 아쉬움을 지우고 싶어 체력이 한도에 다다를 때까지 뛰어놀았다. 책을 읽다가 아이가 잠들면 다시 일어나 가져온 일거리를 주섬주섬 풀어놓았다. 회사 인력은 점점 줄어드는데 신문지면은 정해져 있으니 집까지 일감을 안고 오는 경우가 허다했다.

주기적으로 돌아오는 야간 당직과 일요일에 출근하는 근무 상황은 육아 환경을 항상 위협했다. 남편의 상황도 별반 다르지 않았다. 한 달에 한두 번, 한 번에 2주 정도 그는 해외 출장을 가야 했다. 그의 출장 일정과 나의 일은 빈번하게 겹쳤다. 노령에도 생업에 매달린 양가 부모와 우리 부부의 형제자매까지, 손 닿을 수 있는 모든 이를 돌봄 자원으로 활용하고 버렸지만, 돌발 변수는 상존했고, 그때마다 땀을 빼고 눈물을 훔쳤다.

그리고 그해 겨울이 됐다. 날이 채 밝지 않은 오전 7시 무렵, 곤히 잠든 아이를 살짝 흔들어 깨웠다.

"그만 일어나야지."

말을 하면서도 행여 아이가 추울까 다시 이불을 덮어주게 되는 마음은 혼자만의 경험은 아닐 것이다. 그래도 그 시간에는 아이를 깨워야 늦지 않게 출근할 수 있었다. 생후 22개월부터 기관 보육을 시작한 아이는 한 번도 어린이집에 가지 않겠다는 말로 엄마의 마음을 아프게 하지 않았다. 무던한 아이였다. 열이 39도까지 오르고 몸이 축 늘어져도 투정이나 떼를 쓰기는커녕 배시시 웃어 보였다. 그게 오히려 마음을 좋게 했다. 그날도 그랬다. 졸린 눈을 뜨지 못한 채 작게 물었을 뿐이다.

"엄마, 조금만 더 자면 안 돼요?"

그 말에 마음이 와르르 무너져 내렸다. 만 세살 생일을 겨우 넘긴 아이였다. 작고 어린 자식을 잠조차 충분히 재우지 못하게 만드는 일이 무슨 의미가 있을까? 멍하니 지난날을 돌아봤다.

아이를 낳고 육아휴직을 사용할 수 없어 70일 만에 회사에 복직했던 날도 기습 한파가 매서웠다. 하이힐에 스타킹을 신지 않은 맨발을 구겨 넣고 바쁘게 나선 아침, 출입처 엘리베이터에서 만난 고위 인사가 내게 우스개처럼 비정한 엄마라고 했다. "그렇게 어린아이를 두고 일하러 나왔다."고 말이다. 조용히 반문했다. "70일 된 아이를 두고 나온 엄마가 비정한가요. 그런 선택을 강요하는 사회가 비정한가요?" 그는 엄연히 법적으로 보장된 육아휴직조차 여전히 많은 이들에겐 그림의 떡인 현실을 알고는 있었을까?

우리 사회는 엄마가 아이를 키워야 한다고 말하면서도 정작 키울 시간은 허락하지 않는다. 2016년 보건사회연구원이 발표한 '취업 여성의 일 가정 양립실태와 정책적 함의' 보고서를 보면, 2011년 이후 출산한 15~49세 직장인 여성의 41.1%만 육아휴직을 사용한 것으로 나타났다. 그 가운데에서도 공무원, 국공립 교사 외 정부 투자 출연기관 종사자의 육아휴직 사용률이 각각 75%와 66.7%였고, 일반회사원은 34.5%에 그쳤다. 2019년 발표된 국회입법조사처의 '경력단절 여성 현황과 문제점'에 따르면 한국의 30~40대 초반 여성들의 경력단절이 뚜렷하고, 어린아이를 둔 여성들의 낮은 고용률도 여전히 지속되고 있다.

한국 여성의 노동 생애에서 나타나는 장기간 경력단절은 특수하다. 주요 선진국에선 사례를 찾아보기 힘들다. 그 배경에는 성별 임금 격차, 미비한 돌봄 정책, 양육하기 힘든 노동 환경 등이 복합적으로 자리하고 있다.

나 역시 출산휴가와 육아휴직을 이어 쓰지 못했다. 남편은 서울-대전 간 출퇴근을 이어갔기에 새벽에 문을 나서면 늦은 밤에나 귀가했다. 야근과 출장 역시 잦았다. 자연스레 맞벌이 속 독박육아가 이어졌다. 몇 시간을 칭얼대다 새벽에야 아이를 재우고 나면 꾸벅꾸벅 졸면서 일을 했다. 내가 바로 '박쥐 엄마'였다. 출산 후 업무능력이 떨어졌다는 말을 듣기 싫어 회사 일에 매달리는 동시에 예측 불가능한 육아 역시 틈 없이 해내고 싶었다. 당장 내가 신을 스타킹은 떨어진 지 오래여도, 아이 기저귀와 분유를 사기 위해서는 야간 당직이든, 회식이든 마트가 문 닫기 전에 달려가려고 걸음을 줄달음쳤다. 숨이 막혀올 때면 모두가 그렇게 살아간다고 스스로를 위로했다.

그런데 조금 더 자고 싶다는 아이의 바람조차 들어주지 못하는 현실을 마주하면서 간신히 잡고 있던 끈을 놓아버리기로 했다. 출산만 권하면서 안전망은 제대로 갖춰 놓지 않은 사회에 물음을 던지기보다 개인적인 불행으로 문제를 돌린 것이다. 그 후 나는 내 이름보다 '누구 엄마'로 불리는 일이 훨씬 더 많아진 '경력단절 여성'이 됐다.

통계청 조사에 따르면 15세 이상 54세 이하 기혼여성 중 20%가 경력단절 상태에 놓여 있다. 「경력단절여성 등의 경제활동 촉진법」 제2조(정의)는 "혼인, 임신, 출산, 육아와 가족 구성원의 돌봄 등을 이유로 경제활동을 중단하였거나 경제활동을 한 적 없이 없는 여성 중에서 취업을 희망하는 여성을 말한다."고 경력단절 여성을 규정한다.

2016년 방송된 SBS 신년특집 '엄마의 전쟁'이란 프로그램에서 서울 유명 사립대학의 같은 학과 같은 학번들의 졸업 20년 후 취업률을 비교한 적이 있다. 졸업 동기들은 30세에 접어들면서 현격한 차이가 났다. 남성은 100%의 취업률을 유지하는 반면 여성은 20대 중반 90%이던 것이 62.5%까지 급감했다. 퇴직 사유는 모두 같았다. 출산과 육아. 경력단절을 경험하면서 이후 여성들은 전업주부, 파트타임 아르바이트, 시간제 과외 등으로 직업이 바뀌었다.

물론 나 하나 일을 그만뒀다고 가정에 닥친 어려움이 모두 사라지지는 않았다. 살림과 돌봄의 책임을 여성에게 전가하는 사회 구조는 그대로 두고 엄마들이 전업맘, 워킹맘, 경력단절 여성으로 분류되고 잣대에 놓이는 답답함은 계속됐다.

한국 사회에서 임신과 출산, 육아를 하며 깨달은 것은 이 과정에서 발생하는 고민과 고충이 지극히 사적 영역으로 치부된다는 점이었다. "애는 엄마가 키워야지."라는 말은 그럴듯한 양육 이론으로 포장돼 과도한 책임감으로 다가왔다. 내 뜻과는 무관하게 진행되는 육아와 교육정책의 시행착오 역시 아이와 함께 고스란히 겪어야 했다.

"적어도 생후 36개월까지는 엄마가 키워야 애착이 형성된다."

"엄마의 월 급여가 300만 원 미만이면 민간 돌봄 서비스를 이용하는 것보다 직접 양육하는 것이 경제적으로 이익이다."

위기는 끝없이 찾아든다. 영·유아기 아이들은 자주 아프다. 그만큼 병원 출입이 잦고 보육 기관에 등원할 수 없는 경우도 자주 생긴다. 아직 어린아이들을 떼어 놓을 수는 없고, 연차 사용조차 힘든 분위기의 직장이라면 결국 일을 그만둬야 하는 수순이 기다린다.

아이를 어느 정도 키웠다 싶어도 마찬가지. 특히 초등학교 입학은 경력단절의 가장 큰 원인이 된다. 오후 1시 안팎이면 학교 수업이 모두 끝나는 데 양육자의 퇴근 시간까지 아이를 돌봐줄 사람이 없으면 결국 아이 혼자 학원을 전전해야 한다. 물론 그보다 운이 좋아 학교나 지방자치단체 등이 운영하는 돌봄 교실에 들어간다면 오후 4~5시까지는 시간을 벌 수는 있다. 돌봄의 질은 나중 문제다. 그래도 여전히 양육자의 퇴근 시간까지는 멀기만 하다.

이 틈새를 메울 정책이 필요하다. 특히 코로나 19 감염증의 확산처럼 갑작스러운 위기 상황이 전개됐을 때 돌봄의 사회적 책임과 기능이 미약하면 양육자가 받을 타격은 더욱 심각해진다. 기관 보육보다 가정 내 돌봄이 강요되는 동시에 노동 정책이 받쳐주지 않아 일자리와 생계 역시 위협을 받는 상황에서 양육자와 아이는 대체 어디로 가야만 하는 것인가. 사회적 돌봄망을 기대하지만 결국은 지쳐서 자녀와 가정이라도 지키기 위해 '자발적으로 퇴사하는' 엄마들을 여전히 마주하게 되는 이유다.

16

나는... 나비

밤이 왔다. 모두 난로 앞에 모여 피로를 녹이며 여유로운 시간을 보내고 있었다. 벅터 씨와 포터 친구들이 네팔 이름을 지어주마, 제안했다. 짧은 어학연수 시절의 영어 이름을 제외하곤 줄곧 '백운희'로 불려왔기에 귀가 솔깃해졌다.

부모님이 지어준 이름에 큰 불만은 없었다. 흔하지 않아 단번에 각인되는 장점이 있다. 그렇다고 아주 드문 이름도 아니었다. 포털 사이트에서 이름을 검색했다가 생각보다 많은 목록이 떠서 당황했을 정도였다. '백두산', '우니?' 정도를 제외하곤 크게 놀림감이 되지도 않았다. 다만 말하는 이도, 듣는 이도 발음하길 어려워했다. 그리고 작명을 좀 한다는 분이 운(雲)자, 구름은 한 자리에 머무르지 않고 떠다니는 존재이기에 이름에는 잘 쓰지 않는다는 훈수를 두기도 했다. 희(姬), 여전히 계집이라고 읽는 글자, 여성을 낮춰보는 사회 인식과 더불어 나의 생물학적 성별을 이름으로까지 규정하는 느낌이 달갑지 않은 정도였다. 빛날 희, 기쁠 희 다른 뜻을 지닌 한자도 많은데 왜 하필 계집 희였을까?

"처음엔 빛날 희자였어. 그런데 너 태어난 해가 박정희 대통령이 총에 맞아 서거한 지 오래되지 않았잖아. 주변 어른들이 같은 한자를 쓰는 게 꺼림직하다고 하는데 내 생각도 그렇더라고."

나름대로 이유는 있었다. 자식에게 '동티' 나지 않기를 바라는 부모의 마음이었다. 내가 김산이라는 태명으로 아이 이름을 짓지 못한 것처럼. 그런 이유로 내 이름은 풀어 보면 '구름 여자'가 된다. 어쩌면 구름처럼 여행하는 여자는 이름이 점지해준 운명 같을지도. 언령, 말에는 힘이 있다고 자유로운 존재를 향한 나의 갈망이 투영됐지만 말이다. 그래도 가끔 '둥둥'과 '송송'으로 불리는 언니네 부부처럼 친근하고 부르기 쉬운 별칭이 있으면 좋겠다는 생각을 해왔다.

주변에 별칭이 늘어나고, 트레킹을 함께 한 일행 중에도 아명을 쓰는 이들이 있었다. '아샤'가 그랬다. 네팔어로 '희망'이라는 뜻의 아샤는 네팔에 대한 애정과 경험을 토대로 따뜻하게 사람들을 품는 모습이 인상적이었다. 여정 내내 담담한 노래와 묵묵한 태도로 힘이 됐던 일행의 이름은 '노아'였다.

네팔 이름에는 포터 친구들이 일행들을 바라본 시각이 저마다 담겨있을 터였다. 어쩌면 내게도 마음에 쏙 드는 별칭이 생길지도 모른다는 기대감이 피어올랐다.

이윽고 절묘한 작명이 시작됐다. 시종일관 유쾌한 기운을 나눴던 M 선생님에게는 '마야', 즉 사랑이라는 이름이 건네졌다. 강한 체력과 지구력을 보여주며 체르코리까지 다녀온 B 선생님은 '부미까', 책임감이 강한, 이라는 뜻의 이름을 받았다.

내 차례가 왔다. '붓딸리'(혹은 붓틀리), 네팔어로 나비라고 했다. 다른 이들은 대부분 사랑과 희망, 용감함 등의 상징어를 가졌는데 나는 나비라니, 이유를 물었다. 그러자 "홍시 맛이 나서 홍시라고 했을 뿐인데."와 같은 답이 돌아온다. "그저 나비 같아서 나비 같다고 했을 뿐"이라는 얘기였다. 한 명이 "처음 봤을 때부터 한 마리 나비같이 어여뻤다."는 해석을 들려줬다. 험

난했던 나의 여정을 돌아봤을 때 '어여삐' 보였다는 대목도 놀라웠지만, 신기했던 이유는 따로 있었다. 산을 오르며 마음속으로 수십 번을 부른 노래가 YB밴드의 '나는 나비'였기 때문이다. 왜였는지, 언제부터였는지는 모르겠다. 알 수 없이 계속 그 노래가 입에 맴돌았다.

일본 감독 고레에다 히로카즈의 영화 〈걸어도 걸어도〉에 인상적인 장면이 있다. 큰아들을 잃은 엄마가 둘째 아들을 업고 남편이 외도한 여성의 집에 찾아간다. 그곳에서 남편이 부르는 노래를 듣고는 '걸어도 걸어도'라는 가사를 혼자서 수시로 따라 하는 모습이다. "누구나 혼자만이 즐겨 부르는 노래가 있다."는 둘째 며느리의 대사와 함께.

'나는 나비'는 혼자서 자주 즐겨 부르던 노래였다. 트레킹에서 한 걸음을 내딛는 것조차 힘겨워졌을 때, 보고 싶은 아이를 그려가며 사서 고생하는 이유를 찾으려고 할 때마다 이 노래가 떠오른 것은 어쩌면 자연스러웠다. 입안에서 맴도는 가사는 흥얼거리기보다 곱씹는 대상이었다. 내 처지와 고민에 머무르기보다 바람을 담고 싶었다.

누에는 번데기가 될 때 제 몸을 보호하기 위해 실을 토해 바깥둘레를 둘러싸고 고치로 집을 만든다. 하지만 번데기는 나비가 되려면 결국 고치를 뚫고 밖으로 나와야만 한다. 보호막이 극복해야 할 장벽이 된 것이다.

나 하나 희생하면 모두를 지킬 수 있을 거라고 믿었다. 직장을 놓고 가정이라는 울타리를 공고히 다져가고 싶었지만 결국 나도, 아이도 언제까지나 고치 속에 갇혀있을 수만은 없었다.

그런데 내가 정말 나비가 됐다. 산과의 교감이었을까? 간절한 바람이 닿은 걸까? 그날 밤, 어쩌면 나는 히말라야가 보여준 영험함을 믿었는지도 모른다.

내 모습이 보이지 않아

앞길도 보이지 않아

나는 아주 작은 애벌레

살이 터져 허물 벗어

한 번 두 번 다시

나는 상처 많은 번데기

추운 겨울이 다가와

힘겨울지도 몰라

봄바람이 불어오면 이제

나의 꿈을 찾아 날아

날개를 활짝 펴고

세상을 자유롭게 날거야

노래하며 춤추는

나는 아름다운 나비

17

캉 진 곰 파

-

라 마 호 텔

-

샤 브 루 베 시

캉진곰파 로지 주인아저씨가 만들어내는 한국 음식은 예사 맛이 아니었다. 전날 끓여준 김치찌개는 단연 압권이었고 밑반찬으로 갓김치가 등장할 정도였다.

외국에서 한식을 고집할 만큼 닳혀있다고 생각해 본 적이 없고, 네팔 음식에도 나름 적응했다고 여겼는데 불과 일주일 만에 맛보는 김치 맛에 기운이 솟다니. 익숙한 음식이 주는 힘은 실로 놀랍다.

네팔 음식은 샤브루베시로 향하는 길에 처음 만났다. 점심으로 먹은 음식은 만두, 볶음밥, 볶음면이었다. 닭고기를 넣어 만든 만두의 이름은 모모. 육즙이 많고 향신료 향이 강했다. 모자에 떨어트린 육즙을 물휴지로 곧장 닦아 냈지만 여정 내내, 심지어 한국에 돌아와 조물조물 빨아 말린 뒤에도 계속해서 그 향을 풍겼다. 모모는 닭고기, 야채 등 내용물에 따라 맛과 가격이 달라지며, 10개가 기본이다. "세계 어디를 가도 만두는 있다."라는 말처럼 음식 적응 기간에 거부감을 덜어준 먹거리 중 하나였다.

네팔 음식은 채식 메뉴가 풍부하다. 일반적인 볶음면과 볶음밥에서도 육류를 넣거나 뺄 수 있다. 소금으로 간하고 기름을 넉넉히 두른 채소 볶음은 끼니로 훌륭하다.

가장 많이 먹은 것은 네팔의 주식인 달밧(Dal Bhat)이다. 밥, 반찬, 콩 수프(국)가 한 쟁반에 나오는 정찬으로 우리의 백반과 비슷하다고 할까. 가정집과 식당마다 달밧 맛이 다르다. 트레킹 코스별로 로지 주인의 손맛에 차이가 나는 느낌이다. 아무래도 여행객이 많이 찾는 곳일수록 입에 잘 맞는다는 평이 많다. 식당과 로지에서는 원하는 만큼 달밧의 양을 추가해 먹을 수 있다. 주인이나 직원이 계속해서 "더 줄까?"를 물어온다. 밧에 달을 부어 반찬을 섞은 뒤 손으로 비벼서 먹는 모습이 가장 친숙하다. 떨까리(따르까리, Tarkari)는 감자, 콜리플라워 등 채소를 볶은 반찬이다. 어짜르(Achar)는 네팔식 장아찌 또는 김치. 역시 달밧과 함께 먹는다.

로지에서는 아침으로 주로 달걀을 이용한 요리를 즐겨 먹었다. 삶은 달걀부터 스크램블드에그, 오믈렛, 토마토 계란 볶음 등. 삶은 감자, 티베탄 브레드(Tibetan Bread)도 즐겨 찾는 메뉴다. 티베탄 브레드는 밀가루 반죽을 동그랗고 두껍게 튀겨낸 빵으로 잼이나 꿀처럼 달달한 것에 찍어 먹는다. 따뜻할 때가 맛있다.

뜨끈한 국물이 생각날 때 덴뚝(Thentuk)과 뚝바(Thukpa)를 먹었다. 덴뚝은 티베트식 수제비이고, 뚝바는 티베트식 칼국수다. 덴뚝이 뚝바보다 더 입에 맞았는데 로지에서는 뚝바를 주로 팔았다.

찌아는 밀크티다. 인도에서 짜이라고 부르는 것과 같은 차다. 홍차 잎에 우유, 설탕과 계피 가루 같은 향신료 등을 넣어 팔팔 끓여 만든다. 밤새 추위를 달래기 위해 주로 아침에 일어나자마자 찌아를 마신다. 트레킹 중에는 몸을 데우고 수분을 채우기 위해 하루 서너 잔씩 찌아를 마셨다. 살이 붙을 걸 걱정하는 일은 나중이다.

락시는 발효된 꼬도(기장)를 증류하여 만든 전통 술로 도수가 상당히 높다. 원액은 50도가 넘을 정도여서 보통 물을 타서 마신다. 고된 노동 뒤 락시 한 잔으로 피로를 푸는 모습은 어쩐

지 우리에게도 친숙해서 애잔하기도 했다. 남성 포터 중 연령대가 높은 이들이 로지에 도착해 락시 한 잔으로 환한 웃음을 되찾는 광경이 오래도록 기억에 남아있다.

티베트 전통 술 퉁바도 있다. 국경과 가까운 고산 마을에서 직접 만든다. 발효시킨 꼬도에 따뜻한 물을 부어 대나무 빨대로 마시는데 도수가 크게 높지 않고 4번까지도 우려 마실 수 있다. 추운 날씨에 몸을 데우는 역할을 한다. 자그마한 동네 식당에서 질긴 물소고기 볶음 요리를 안주 삼아 퉁바를 마신 저녁은 참 따뜻했다.

무엇보다 맥주가 맛있었다. '고르카'나 '세르파' 맥주 브랜드가 대표적인데 취향에 따라 선호도가 나뉜다. 다만 맥주 값이 밥값과 맞먹을 정도여서 현지 물가에 비춰보면 비싼 편이다.

로지 음식은 캉진곰파가 가장 좋았다. 로지 주인은 벅터 씨처럼 한국에서 일 한 경험이 있단다. 네팔 귀환 이주 노동자들 숙원이 '고향에 집짓기'라는 이야기를 들었는데 아저씨의 사연도 그러했는지는 모르겠다. 다만, 그가 우리에게 베풀어 준 마음처럼 한국에서 경험이 그의 삶에 한 자락 보탬이었기를 소망할 뿐이다.

"턴야밧, 고맙습니다. 부디 안녕."

산에서 내려가는 날 아침, 아저씨가 행운을 기원하는 카타를 한 명 한 명에게 직접 전하며 무사 귀환을 축원했다. 카타는 티베트 불교에서 기원한 것으로 인사를 나눌 때 감사와 행운을 바라며 목에 걸어주는 스카프다. 주로 흰색이 많은데 금색, 붉은색 등도 쓰인다. 시절 인연 같았던 따뜻한 사람들과 설산을 향해 인사를 건넸다. 타르초와 룽다가 바람에 휘날렸다. '바람의 말'이라는 룽다의 경전이 부처의 가피(부처나 보살이 자비를 베풀어 중생에게 힘을 줌)를 실어줄 것 같은 장면을 깊이 새겼다. 그리고는 뒤돌아보지 않았다.

이제 하산이다. 이틀에 걸쳐 되돌아간다. '허리서리남(모든 것은 신의 뜻대로)'인걸까, 월경이 시작됐다. 길에 선채로 진통제를 꺼내 먹었다. 문득 이번 여정에서 삼킨 알약 개수를 헤아리다가 아찔해졌다. 간이 제대로 해독해 내기를 기대하는 수밖에 이제 와서 별 도리가 없다. 약효가 도는지 금방 몸이 나른해지는데 어쩐 일인지 걸음은 가벼웠다. 내려가는 길은 더욱 조심해야 한다는 수칙을 깨고 싶을 만큼 발이 내달렸다.

아무도 없는 길을 호젓하게 걷는 일은 짜릿했다. 과업을 수행하듯 꾸역꾸역 올라왔다면, 내려가는 길은 인생의 덤처럼 유쾌하고 고마웠다.

　일행 중 가장 먼저 하산 첫날의 숙소인 라마 호텔 로지에 도착했다. 무엇이든 할 수 있을 것처럼 자신감이 뻗치고 얼음장 같은 물도 두렵지 않았다. 5일 만이었다. 비누를 이용해 얼굴을 씻었다. 다들 흙먼지를 얼마나 뒤집어쓰고 있었던 걸까. 세수 하나 했을 뿐인데 모두 얼굴이 환해졌다.

　내친김에 빨래 욕심도 부렸다. 짐을 줄이려고 여벌 옷을 최소한으로 챙겨온 만큼 땀에 젖은 옷을 하루씩 말려가며 다시 입었지만, 그것도 이젠 한계였다. 빨랫감을 챙겨 나오니 작은 수돗가에는 이미 포터 친구들이 줄을 서 있었다. 얼굴과 손, 발까지 차가운 물에 담그며 씻는데도 연신 웃음이 끊이지 않았다. 흐뭇하게 바라보며 기다리는 사이 땀이 식고 날이 어둑해졌다. 빨래하려던 마음도 사그라졌다. 땀을 닦은 손수건만 빨아서 로지 난로 위 빨랫줄에 널었다.

　여유가 생긴 일행 모두가 난로 앞에 모여 앉았다. 벅터 씨를 시작으로 포터 친구들의 네팔 노래 부르기가 한창 이어졌다. 네팔의 가장 대중적인 민요 '렛삼삐리리(Resam Phiriri)'도 함께였다.

　트레킹 마지막 날이 찾아왔다. 어김없이 로지의 대표적 아침

메뉴인 삶은 계란과 티베탄 빵으로 배를 채웠다. 누구도 대신해 걸어 줄 수 없는 길이 이제 딱 하루 치 남았다. 경험하지 못한 피로가 이미 쌓였지만, 그것대로 이 순간을 기억하고 싶었다.

길은 고요하고 새로웠다. 내 발끝만 내려다보며 '트레킹이 정녕 이런 것인가? 나는 여기 극기 훈련을 하러 온 것일까, 풍경을 보며 걸으러 온 걸까?' 고민하던 순간 대신 주위를 둘러볼 여유가 생겼다. 오를 때는 보지 못했던 광경이 절로 눈에 들어오고 풍경이 바뀌니 생각도 달라졌다.

숲이 이렇게 울창했구나, 마치 영화 〈반지의 제왕〉 속 배경 같은걸.

여기 작은 개울이 있었네, 손을 한 번 담가볼까?

저 가파른 바위 끝에도 석청이 달려 있다니, 벌의 집념은 엄청나구나.

혼잣말을 내뱉으며 빠르게 두 발을 내달리는데 벅터 씨가 허겁지겁 달려오며 천천히 가라고 했다. 요주의 인물로 찍혔는지 이후에는 속도를 낼라치면 포터 친구들이 다가와 멈추라고 말했다. 이들의 수고를 더하고 싶지는 않은데 어쩌나, 발이 멈추

질 않는걸. 일행들은 "알고 보니 하산 전문가였다."라며 달라진 모습에 농담을 던졌다.

빨리 가고 싶은 이유가 있었다. 인적에서 벗어나 조용히 걷고 싶은 욕심이 하나. 그리고 목적지인 샤브루베시에 도착하면 인터넷이 되고 전화가 터진다는 사실 때문이었다. 일주일 만에 아이의 목소리를 들을 수 있는 곳이 저기서 기다리는데 어찌 마음이 바쁘지 않으랴. 샤워를 할 수 있다는 기대감 역시 넘실거렸다.

트레킹을 시작하며 처음으로 마살라 티, 찌아를 마셨던 '밥 말리' 로지가 눈에 들어왔다. 역시나 오를 때는 로지의 이름조차 알아차리지도 못했는데 다시 보니 밥 말리의 이름과 그림이 커다랗게 그려져 있었다. 목적지가 코앞이라는 신호였다. 밥 말리의 노래 '노 우먼 노 크라이(No woman, No cry)'의 가사가 콕 박혀왔다.

나에겐 두 다리만 있을 뿐, 그러니 난 계속 걸어 가야 한다.
지금 아무리 어려워도 울지 말고, 희망을 버리지 말고.

랑탕 히말의 마지막 인사였을까. 울음을 참고 걸음을 뗐다.

18

핫 워 터 의

진 실

핫 워터(Hot Water), 따뜻한 물, 따또파니
(Tatopani), 온수. 같은 뜻의 단어가 여러 언어로 번갈아
가며 머릿속을 채웠다. 따뜻한 물에 몸을 씻고 싶다는 열망이
뻗칠 대로 뻗친 거다. 샤브루베시 마을에 닿을 즈음엔 급기야
온몸이 근질거리기까지 했다. 마을에 도착하자마자 첫날 묵었
던 숙소에 다녀온 벅터 씨가 '핫 워터'가 나오지 않는다며 새로
운 곳으로 옮겨야겠다고 전했다. 새 숙소를 물색하려면 시간이
필요하고 그동안 거리에서 기다려야 했지만 모두 동의했다. 그
만큼 따뜻한 물이 갈급했다.

그 틈에 며칠 동안 전원을 꺼뒀던 휴대전화를 켰다. 그리고
참고 참았던 전화를 걸었다. 이내 아이 목소리가 들려왔다.

"엄마, 정말 엄마예요? 지금 이모랑 삼촌 집에 와서 다 같이 저녁 먹으러 나왔어요. 엄마는 언제 와요?"

생기 가득한 목소리로 쉬지 않고 질문을 쏟아내는 아이를 확인하니 남아 있던 긴장감마저 확 풀리는 기분이었다. 아이는 이모와 함께 거의 전국을 유람 중이었다. 달 할머니네(아이는 양가할머니를 각각 별 할머니와 달 할머니로 부른다. 이름에 '달'이 들어가서 외할머니는 달 할머니가 되었다)를 거쳐 다시 큰 이모와 삼촌 집을 오가며 한 뼘 더 자라고 있는 모양이었다.

이제는 정말 씻고 편히 쉴 수 있겠구나. 기대감으로 새 숙소를 향해 발걸음을 옮겼다. 건물 안이 바깥보다 더 서늘했다.

네팔은 이렇다 할 난방설비가 없다. 전력 사정도 열악했다. 수도인 카트만두에서조차 하루 중 전기가 공급되는 시간과 지역이 나뉘어 있을 정도였다. 로지에서는 한국에서 가져간 헤드랜턴과 촛불에 의지해 어둠을 밝혀야 했다. 물도 태양열로 데워 사용한다. '핫 워터'는 이렇게 데운 물을 일컫는다. 최근에는 가스를 이용하는 순간온수기를 설치하는 이들도 늘고 있다지만 이곳은 예외였다. 결코 핫 하지 않은 물이 한정된 양만 나오는데 이마저도 날이 흐리면 구경할 수 없다. 누군가 먼저 써버리면 그다음부터는 차가운 물로 씻어야만 한다. 문명의 이기에 익숙해져 버린 나로선 자연과 환경에 순응하며 살아가는 네팔 사람들의 모습이 불편하면서도 새로웠다.

방을 함께 쓰는 J 선생님에게 씻는 순서를 양보했다. 먼저 물을 써버려 미안한 마음을 갖는 일보다는 차가운 물로 씻는 것이 나았다. 다른 방들에서도 물소리가 들려왔다. 예상대로 욕실에 들어갔을 때 이미 물은 차가워진 상태였다. 어떻게 머리를 감고 비누칠한 몸을 헹궜는지 기억나지 않을 만큼 후다닥 씻고는 뛰쳐나왔다. 등반 후 처음으로 몸에 쌓인 땀과 먼지를 씻어낼 수 있는 것만도 좋지 아니한가, 위안해 보지만 콸콸 쏟아지는 온수와 몸을 담글 수 있는 욕조, 헤어드라이어의 온풍이 그리운 것도 어쩔 수 없었다. 이래서 여행은 당연하게 여겼던 일상이 감사함을 깨닫는 동시에 안온했던 그간의 삶을 들여다보는 창이라고 상투적이나마 표현할 수밖에.

오래 빨지 못한 수건이지만 몸을 쓱쓱 닦고는 로션도 정성스레 발랐다. 마지막으로 입술에 색도 더했다. 식당으로 내려가니 일행들 역시 한층 깔끔해진 모습으로 저녁을 기다리고 있다.

"빨간 립스틱을 보니 이제야 운희 샘으로 돌아온 것 같네요."

내 모습을 보더니 누군가 말했다. 빨간색 립스틱을 바르는 사람, 일행들에게 비친 또 다른 나의 모습이었다.

화장이라는 행위를 놓고 세 가지로 유형을 분류한다고 치자. 화장하기를 좋아하고 기술도 뛰어난 사람, 화장을 안 하는 사람, 화장해도 별 효과가 안 나타나는 사람.

나는 마지막에 속한다. 화장하는데 5분 이상 정성을 들이지도 않거니와 그만큼이라도 기울이는 노력에 비해 전후 차이가 무색하다. 로션을 바르고, 자외선 차단기능이 포함된 비비크림을 더한 뒤, 눈썹을 그리고 립스틱을 칠하면 충분하다. 생기를 더하는 볼 터치며 이목구비를 강조하거나 음영을 주는 하이라이트, 셰딩 같은 기법은 여성잡지에서나 접하는 이야기이고, 편리함 때문인지 많이들 하는 눈썹, 아이라인 반영구 시술은 두렵다.

그래도 꼭 신경을 쓰는 게 있다면 입술 색이다. 버건디, 코랄 등의 이름이 붙여진 빨강 립스틱을 바른다. 피부가 얇고 창백한데다 입술 색도 옅어 뭐라도 바르지 않으면 아파 보인다는 말을 들으면서다. 화장은 장점을 살리기보다 결점을 줄이려는 노력인 셈인데 언제부턴가 '레드 립'은 나를 대표하는 상징이자 수

수한 첫인상과는 멀게 만든 이유가 됐다. 입술을 바르니 비로소 나다워 보인다는 일행의 말에 유난히 빨강과 얽힌 일화들이 떠올랐다.

학년당 한 반뿐이던 시골 중학교의 일상은 겉으로는 단조로 웠다. 설상가상 담임선생님이 2년 동안 같았다. 그는 무슨 이유 인지 당시 유행했던 5 대 5, 가운데 가르마를 극도로 싫어했다. 숏컷에 가운데 가르마를 타고 다니는 아이들은 '농띠'(노는 아이)의 전형이라며, 같은 모습을 한 내게 "공부 잘하는 네가 왜 그렇게 하고 다니느냐?"고 지치지 않고 훈계했다. 나 역시 지치 지 않고 그 머리를 고수했다.

그는 빨간색도 싫어했다. 겨울 코트가 변변치 않아 그나마 집에 있는 옷 가운데 보온성이 좋았던 빨강 점퍼를 입고 다녔는 데 학생답지 않은 차림새라고 대놓고 혼을 냈다. 개성보다는 어쩔 수 없는 선택이었기에 이때는 좀 상처가 됐다. 그래도 계속 입었다. 반항하는 학생이 될지라도 입을 옷이 없다는 말은 차마 하기 싫었다.

고등학교에 갔더니 여름 교복을 입기 전까지는 무채색 구두 나 운동화에 검정 스타킹과 검정 양말을 착용하는 것이 학칙이라고 했다. 검정 재킷에 회색 치마 교복도 모자라 검정스타킹이라니. 한창 외모를 가꾸고픈 의욕은 칙칙함 앞에 풀이 죽었다. 멀리서 등굣길을 바라보면 흡사 장례식 조문 행렬처럼 느껴지기도 했다. 무엇보다 두툼한 스타킹은 바람도 안 통해 땀띠가 나게 생겼다.

날이 점점 더워지던 어느 날, 참다못해 스타킹을 벗어 던졌다. 대신 발목 양말을 신고 오빠가 선물해 준 운동화를 신었다. 흰색 나이키 로고가 새겨진 빨강 운동화. 이전과는 차원이 다른 산뜻함으로 교문에 들어서던 순간, 정년을 코앞에 두고 있어 할아버지 선생님으로 불리던 교련 선생님에게 잡혔다. "내가 이 학교에서 이런 색 신발을 신고 온 애는 처음 본다."며 "저기 변두리 학교도 아니고, 이렇게 학생이 학교 물을 흐리면 가만두지 않겠다."는 경고를 받았다. 흘깃거리는 같은 학년 친구들은 물론 선배들의 눈총도 따가웠다. 그러나 다음 날도, 그다음 날도 나는 같은 신발을 신고 갔다. 고집을 꺾지 않는 내게 교련 선생님이 그제야 이유를 물었다.

"이 신발이 제가 신고 싶은 신발이니까요."

"그저 색 때문에 신발을 가려 신어야 한다는 건 납득이 안 됩니다."

포기한 건지, 수긍한 건지 선생님은 더는 참견하지 않았다.
친구들은 부러움, 걱정, 불만을 함께 담아 "왜 너만 되는지?"를
물어왔는데 "그럼 너희들도 원하는 대로 하라."는 말에는 따르
지 않았다. 그날부터 '빨강 운동화 신는 걔'로 불렸다는 이야기
는 나중에야 들었다.

대학에 와서도 빨강과 인연은 이어졌다. '레드 오렌지'로 머
리색을 물들였는데 그때부터 그 이미지가 각인됐다. 자기 색깔
이 분명하고 남들 시선을 의식하지 않는 사람으로 부풀려졌다.

다른 사람들의 시선이 부담스럽지는 않았다. 패션도 과감한
편이었다. 배꼽이 드러나는 티셔츠에 힙합바지를 입거나 무지
개 레깅스에 광택 나는 분홍 블루종과 빨간색 스커트를 입었다.
친구들이 "멀리서 보고 신호등이 움직이는 줄 알았다."며 알은
채를 해 와도 민망하지 않았다.

유명세도 탔다. 어느 날 '패션의 이해'라는 과목을 수강하던
친구네 강의실에 들렀다가 교수의 부름에 멈춰 섰다. "여러분,
이 학생 보이죠? 헤어스타일부터 옷차림까지 방금 제가 말했던

미래 패션의 표본이에요." 평소와 별반 다를 것 없는 차림에 빨래판처럼 머리카락이 구불거리는 '나이아가라 펌'을 한 상태였다. 이를 계기로 한동안 내 별명은 '미래 패션의 선두자'가 됐다.

주목받는 기분은 오래지 않아 불쾌한 감정으로 다가왔다. 칭찬인 줄 알았더니 모욕처럼 느껴진 동기의 말 때문이었다. 입대를 앞뒀던 그는 "고마워. 네 덕에 학교 다닐 재미가 있었어. 나 말고도 그런 사람 많았던 거 알지?" 하고 인사를 건넸다. 그의 의도가 무엇이었든 간에 한순간에 눈요깃거리로 전락한 기분이었다. 마치 중앙도서관 꼭대기 계단에 앉아 지나가는 여성들을 향해 A, B, C 따위의 등급을 매기던 남자 선배들의 뒷모습을 봤을 때처럼. 알고 싶지도, 의식하지도 않았던 불쾌한 시선이 갑자기 밀려들었다.

기자가 되겠다는 결심도 패션 경향에 변화를 끼쳤다. 단정한 셔츠와 재킷, 슬랙스의 이미지로 자신을 구축해야만 할 것 같았다. 인류학자 그랜트 매크래켄은 "우리가 욕망해 온 물건들은 우리가 누구인지가 아니라 우리가 무엇이 되고 싶은지를 말해준다."고 했다. 빨강색으로 대표되는 이전의 차림이 자유롭고 부당함 앞에 당당하고 싶었던 내 안의 욕구를 투영했다면, 안정과 인정을 향한 갈증은 이를 걷어냈다. 무난한 차림이 시선으로부터 독립할 수 있고 외모 대신 나로서 주체성을 오롯이 드러내는 데 효과적이라는 생각이었다.

직장을 그만두고 누군가의 엄마로만 자리하는 순간에도 나를 규정하는 시선이 의식되기는 마찬가지였다. 귀밑 길이에서 유지되는 짧은 머리에 주기적으로 펌과 염색을 하며, 집 앞 슈퍼에 가도 갖춰 입어야 마음이 불편하지 않고 빨강 립스틱을 발라야만 하는 나는 수수함과는 거리가 있어 보인다. 게다가 '엄마 등원 룩'처럼 편안하고 실용적인 복장이 없어서 입던 대로 입었더니 일하는 엄마, 자기 관리를 열심히 하는 엄마로 인식되고 있었다. 아이에게 친구를 만들어 주려고 놀이터 무리에 녹아들기까지 나도 몰래 생겨버린 이미지를 깨기 위해 부단히 노력해야 했다.

활동가로 자신을 정체화하는 과정에서도 이질감은 따라다녔다. 일상이 정치이며 모두 활동가가 될 수 있다고 느끼게 한 실마리가 페미니즘이었지만, 기혼 유자녀 여성으로서 페미니즘을 다루고 이야기하다 보면 종종 스며들기 어려운 버석거림을 느꼈다. '엄마 페미니즘'에 목소리 내는 이들이 차츰 늘고 용기를 획득할수록 넘어서야 할 벽도 계속 등장했다.

학회에 발제자로 참석했을 때였다. 세션을 마치고 참석자들과 밥을 먹으러 갔는데 모인 이들 대부분이 20~30대 여성들로 투블럭 헤어컷(윗부분은 길게 두고, 옆과 뒷면을 밀어 윗머리가 덮는 스타일)처럼 짧은 머리에 메이크업하지 않은 모습이 공통적이었다. '탈코르셋', '젠더리스' 같은 단어가 절로 떠올랐다. 그들 사이에서 화장하고 정장 차림에 배우자와 아이까지 동반한 내 모습이 이질적으로 느껴졌다. 누구도 뭐라 하지 않았지만, 물에 뜬 기름처럼 혼자 부유하는 기분이었다.

가치관을 담아내는 모습과 기준에서 차이가 있을지언정, 대화하는 동안 그들과 나의 문제의식이 크게 다르다고 생각되지는 않았다. 나 역시 하이힐과 치마, 스키니 진에서 벗어나 타인의 욕망에 반응하지 않는 몸을 만들려는 노력을 계속해 왔으니까. 또한, 무의식적으로 표출되는 외모 중심 사고에서 벗어나기 위해 성찰해왔으니까. 그런데도, 혹여 겉모습만으로 나를 규정하거나 판단하지 않을지 민감해지고 마는 것이다. 영화 〈벌새〉의 대사 "서로 얼굴을 아는 사람은 세상에 가득하지만 마음을 아는 사람은 몇이나 될까."를 떠올리면서.

비슷한 맥락에서 기자회견이나 토론회처럼 단체를 대표하는 경우에도 단체 이름을 새긴 티셔츠를 입을 것인지를 고민했다. 획일성을 못 견뎌서가 아니다. 오히려 자리에 맞게 갖춰 입어야 한다는 강박과 불편할 필요 없는 자유 사이에서 여전히 확신이 들지 않기 때문이었다.

이전에는 "직장을 다니는 것도 아닌데 워킹맘(이 용어에 대해 복잡한 감정을 느끼지만)처럼 하고 다닌다."는 평가를 의식했다면 이제는 "활동가답지 않다."에 얽매였다고 할까. 갑작스레 공무원이 되고 나서는 청바지에 운동화를 신고, 활동성을 강조한 점퍼를 입고서 근엄하게 회의에 참석하는 일이 왠지 신경 쓰이는 것도 다르지 않다.

'전형성'에서 벗어나는 것에 나는 이제 조금 피곤해졌다. 대수롭지 않은 일로 책잡히기는 싫으니까.

그렇지만 '다움'이라는 규정을 따르고 싶지도 않다. '학생답지 않은 차림'을 떨치려 했던 과거의 나처럼 앞으로도 나는 여전히 부여된 역할에 걸맞아야 한다는 암시 앞에 분투할 것이다. 겉모습으로만 단정되지 않기를, 타자의 감옥에 스스로 가두지 않기를 바라며. 또, 적당히 타협하려는 마음과도 다투며.

19

다시 쓰다

고백하자면 나는 꽤 수다스럽다. 차가워 보인다는 첫 인상과는 참 다르다. 수다 주머니를 허리에 차고 있는 것도 아닐 텐데 하 루치 수다 총량을 채우지 못하면 괜히 울적하다.

수다력을 거슬러 올라가 보자면 형제, 자매가 많은 집 막내들이 대개 그러하다는데 하여간 나도 말문이 일찍 트였다. 또래보다 어휘력도 좋았다(고 한다). 말을 제법 조리 있게 한다는 칭찬을 종종 듣고 자랐다. 예닐곱 살쯤 당시 활약하던 한 여성 방송인(이후 정계로 진출했다)과 이름이 같다는 이유로 "벌써 이렇게 말을 똑 부러지게 하는 것을 보니 너도 분명 저 사람처럼 이름난 아나운서가 될 것"이라고 했던 동네 아저씨의 말을 기억한다.

칭찬은 관심을 낳았고, 우연히 찾아온 기회는 성장의 계기가 됐다. 다니던 초등학교가 농촌지역 방송시범학교로 지정돼 갑자기 방송실이 생긴 것. 그리고 나는 책을 가장 또박또박 읽는다는 이유로 학교를 대표하는 진행자가 됐다. 이후 2년 동안 한 일은 일주일에 서너 번 스스로 〈명상의 시간〉 등에서 방송 원고를 정해 읽거나, 학년별 순서대로 이뤄지는 우리 반 자랑을 무려 생방송으로 진행한 것이었다. 당시 방송반 활동은 학교 역사에 있어서도 계속 남길 만한 일이었는지, 졸업한 지 십 년도 지나 투표소로 지정된 학교를 찾았다가 여전히 방송실 복도에 걸린 내 사진을 보고 반가움과 머쓱함을 동시에 느꼈더랬다.

고등학교 때는 교과서를 읽으면 "목소리와 발음의 전달력이 좋으니 아나운서를 하면 좋겠다."는 말을 여러 선생님으로부터 들었다. 이들 경험을 밑바탕으로, 대학 입학 후 학내 방송국원을 뽑는다는 플래카드를 보고 용기 내어 문을 두드릴 수 있었다.

그 선택은 이후 삶의 지향을 바꾸는 결정적 계기가 됐다. 전공 수업은 놓쳐도, 꼬박 2년 동안 하루 세 번 아침, 점심, 저녁 방송 시간은 빼먹지 않았다. 방학 기간에도 아르바이트를 해서 학비 보탤 노력을 하거나 외국어 공부, 배낭여행 같은 자기계발을 고민하기보다 방송실에서 먹고 자며 어떤 작품으로 내 생각을 담아 메시지로 전달할지를 골몰했다.

기획, 촬영, 편집 등의 기술적인 방법뿐만 아니라 세상을 어떤 시각으로 바라봐야 할지 격정적으로 토론하고 고민했던 날들이었다. 전투기 사격장 소음으로 고통받던 화성 매향리, 정선 5일장, 새벽 농수산물 경매시장과 같은 현장을 마주하고, 학부제 시행과 대학등록금 인상, 한미 FTA 체결에 따른 사회 변화 등의 현안에 대학 총학생회장 선거 토론회 등을 이끌었던 경험 역시 사고의 지경을 넓혔다. 방송 기자가 되겠다는 결심도 이 무렵에 했다. 신문보다는 익숙하게 접해왔던 영상을 통해 직접 전달하고 싶었고 자신이 있었다. 신문은 낡은 매체라는 인식과 더불어 펜 기자가 가져야 할 필력이 좀 더 부담스러웠던 측면도 있었다.

그러나 삶은 변수의 연속이어서 나는 신문기자가 됐다. 친구들 중 제일 먼저 결혼을 했으며, 임신과 출산에 직면했다. 살을 맞대고 눈을 맞추는 대상이라곤 아직 말문이 트이지 않은 아이만 존재하던 시간이 늘면서 사회적 언어를 점차 잃어버린 듯했다. 서울의 낯선 동네로 이사를 한 뒤로 주변과의 교류는 더욱 줄어들었다. 말하기보다 듣는 일이 늘었고 잘 듣는 것이 가장 중요하다는 성찰로 위로 삼았다.

말하는 대신 글을 쓰기 시작했다. 신문 한 귀퉁이, 탁상 달력 모서리, 수첩 뒷장까지 여백이 있다면 가리지 않았다.

성과로 측정되지 않는 육아와 가사의 '그림자 노동'을 이어 가며 '이러다가 어느 순간 나를 잃어버릴까' 두려웠다. 세상과 나를 이어주던 매개가 사라진 것만 같았다. 자아의 해상도가 지극히 낮았던 나라는 사람이 인정 투쟁을 이어가던 나날들 속에 가치를 증명하는 일은 글쓰기를 통한 기록이었다. 종이신문 기자로 밥벌이를 위해 직업적 글쓰기를 이어갔던 과거보다도 절박했다.

'백운희'라는 세 글자와 사회적 호칭 대신 아이의 엄마, 남편의 아내로 수식되는 일은 사실 시간이 지날수록 무감해졌다. 하지만 '경력단절 여성', '주부', '전업'이라는 단어에는 가슴이 따끔거렸다. 나는 비경제활동인구 통계 속 숫자로만 존재하는 듯했다.

숫자는 결코 사연을 담지 못했다. 내가 처한 상황을 잘 이해한다고 여겼던 이들마저 "남카(남편 카드)로 편히 사는 네가 부럽다."라며 마음에 생채기를 냈다. 동네 목욕탕에서 처음 만나

때를 밀어드린 할머니와 길거리 떡볶이집 사장님도 물었다.

"애기 엄마는 집에서 놀아?"

"네가 선택한 거잖아."

맞다. 스스로 직장을 그만두는 선택을 했다. 그렇게 여겼고, 모두가 말했다. 여기에는 아이를 낳아야 한다고 말하면서도 키울 시간은 허락되지 않아 누군가(대부분 급여가 낮은 여성이자 엄마)는 일(직장)을 포기하고 마는 현실은 고려되지 않았다. 여성에게 살림과 돌봄의 책임을 전가하려는 사회구조가 문제이고, 벼랑 끝으로 몰린 엄마들에게 선택을 강요하고 있다는 외침은 사적으로 해결할 과제라는 인식의 벽에 막혔다. 그래서 나역시 다들 포기하며 산다고 위로하며 침묵하게 된 건지도 모르겠다.

시간이 지날수록 흩어지고 사라지는 나를 발견했다. 삶이 안온해서 오히려 우울했다. 불면의 날들과 밤샘이 이어졌다. 셀수 없을 만큼 쌓이는 커피, 예민해지는 촉수, 불안한 국내외 정세, 미래에 대한 고민이 동그랗게 원을 그리며 나를 둘러싸고 압박해 왔다.

공선옥 작가의 표현을 빌리자면 '내 생의 알리바이'를 남기고 싶었다. "내가 말하지 않으면 아무도 모를 생의 증거들을 모은다는 생각"(김서령)은 글을 쓰는 당위가 됐다.

글을 쓰면 산란했던 감정들이 올곧게 줄을 지었다. 이전에 기자로서 작성했던 직업적이고 훈련된 글 속에 나는 없었다. 하지만 이제는 나를 드러내는 데 주저하고 싶지 않았다. 우연하게도, 랑탕 트레킹을 함께 한 도반들은 동화작가, 실용서 저자 등 다양한 글쓰기 경험자들이었다. 자신만의 언어를 전하는 이들에게 부러움과 함께 질투가 생겨났다. 역시 '질투는 나의 힘'이던가? 다시 글을 쓰고 싶은 욕심이 조금씩 밀고 나왔다.

또한, '개인적인 것이 정치적인 것'이라는 명제는 더 이상 우리 가족이 연민 공동체에만 머물러서는 안 된다는 자성을 불렀다. 가족은 서로를 지키려고 부단히 애를 쓰지만, 구조적 문제가 바뀌지 않는다면 얼마든지 위태로워질 수 있음을 깨달았던 것이다.

양육 당사자들의 정치참여를 표방하는 '정치하는엄마들'을 만난 것은 결정적이었다. 당사자 정치의 필요성과 돌봄의 가치 제고, 사회적 모성의 중요성에 공감하는 이들이 모여 단체를 만들고 하나, 둘 발걸음을 디디는 과정을 기록하는 데 힘을 보탰다. 또한, 이 시대 양육자들, 그중에서도 엄마들이 처한 상황과 비리유치원 문제, 부실한 급식 등 사회 부조리를 알리고 바꾸고자 계속 썼다. 글로 생각을 바꾸고 기록을 남기는 작업이 내가 할 수 있는 일이라고 생각했기 때문이다.

엄마를 향한 잣대부터 달라지길 바라는 마음으로 썼다. '엄마'는 개별화되기 어려운 존재였다. 희생과 인내의 아이콘으로 머무르다가 '맘충'에 이르렀다. 모성애는 기본이고, 엄마가 아이를 키우는 일은 당연하다는 기본값이 왜 문제인지 이야기해야 했다.

나아가 돌봄의 중요성을 일깨우고 싶었다. 아이들은 일정 기간 돌봄이 필수적이다. 노인과 장애인 등 사회 약자도 마찬가지다. 하지만 우리 사회는 돌봄을 개인적인 문제나 그림자처럼 뒤로 남겨야 하는 일로만 치부해왔다. 돌봄 노동은 하찮게 여겨졌고 그 속에서 발생하는 고충을 사적으로 감당하라고 말했다. 스스로 권리를 확보하기 힘든 이들에게는 철저히 무관심했다. 최소한의 정치적 무기, '표'가 없기 때문이었다. 그래서 나서기로 했다. 약하고 소외당하는 존재를 돌보는 것은 '모두의 책임'이고 '모두가 엄마다'는 마음으로 정책을 변화시켜야 한다고 말이다.

육아의 경험과 고충을 이해하지 못하는 '55세 이상 남성 정치인'이 기득권을 장악한 국회와 정치권에서는 당면 문제를 해결할 수 없기에 양육 당사자가 직접 나서자는 의미도 있었다. 정치에서 여성, 청년, 노동자, 농민, 장애인 당사자가 등장하지 못하는 만큼 관련 정책도 뒤로 밀렸다. 보육 정책은 늘 후순위였다. 사회적 합의가 부족한 상태에서 표를 의식한 선심성 정책으로 무상보육이 시작됐지만, 질 낮은 보육을 확대했을 뿐 제대로 책임지는 구조를 확보하지 못했다.

지역에 따라, 제비뽑기 능력에 따라, 양육자의 직업에 따라 아이들이 '복불복'으로 보육 환경에 놓였다. 팔 걷어붙이고 바꾸려는 정치인은 찾아보기 어려웠다. 오히려 유아보육과 교육 경력을 토대로 정치에 입성한 뒤 이권 챙기기에 열심인 이들을 방치했다. 교비를 유용하고, 아이들 먹을거리로 이익을 남기며 친인척을 직원으로 꾸미는 사립유치원의 비리는 고질적으로 쌓여갔지만 교육 당국은 실체를 알면서도 방관했다. 지역 명망가를 자처하는 일부 사립유치원 설립자의 세력과 기반을 얻기 위해 정치권은 결탁했다.

결국 유아교육 정상화와 공공성 확대, 어린이집 급간식비 최저 기준 인상, 정책 미비로 교통 사각지대에서 목숨을 잃어간 아이들의 이름을 빌린 어린이생명안전법안 등에 양육 당사자로서 관심을 두고 행동에 나설 수밖에 없었다.

그때마다 절실함을 글로 쓰고자 노력했다. 단체의 시작과 여러 활동, 지향하는 방향 등을 담은 《정치하는 엄마가 이긴다》(생각의 힘 출판사, 공저)와, 한국 사회의 성 불평등한 호칭 문화의 현실을 알리고 대안을 제시하고자 노력한 《나는 이렇게 불리는 것이 불편합니다》(한겨레 출판, 공저)에 글을 보탠 것도 마찬가지 이유였다.

"글을 쓰는 여성은 투쟁한다. 남성의 언어가 점령해버린 일상에서 여성의 언어를 찾고자 싸운다. 글쓰기의 동력을 계속해서 찾아 헤매고, 만들어진 생각에 균열을 일으킬 의심을 이어가면서도 좌절도 극복해야 한다. 자신의 존재가치를 증명해야 한다는 강박과 글쓰기를 막아서는 허들 역시 넘어서야 한다. 그래서 글을 쓰는 일은 달콤하면서도 고통스럽다."

이고은 작가의 《여성의 글쓰기》(생각의 힘) 추천사에서 나는 이렇게 말했다. 책은 '혐오와 소외의 시대에 자신의 언어를 찾는 것에 대하여'라는 부제를 달았다. 그랬다. 이는 동시대 나와 글을 쓰려는 모든 여성의 이야기였다.

주위에 글이 고픈 이들은 꼭 있다. 해야 할 말이 많은 이들이다. 그때마다 글을 쓰라고 말한다. 처음에는 대부분 주저한다. 그래도 몇 번이고 거듭해서 글을 써볼 것을 권유하고 쓸 곳을 주선해 목적성을 부여하기도 한다.

이유는 명료하다. 글은 변화를 위해 스스로 움직이고 있다는 증거다. 무력감에서 벗어나 한 발 나아갈 수 있다는 희망이 생기면 가능성을 확대해 경계를 넘을 수 있도록 돕는다. 말하는 이와 듣는 이 모두에게 그렇다. 글 쓰는 이들이 많아지면 세상도 변하리라 믿는 것이다.

나는 타인의 이야기, 낯선 이야기가 더욱 궁금하다. 자신에서 시작해 세상과 미래로 확장되는 그 여정에 용기를 주고 싶다. 히말라야 트레킹을 다녀온 이들과 함께 글을 쓰며 기록을 남기는 과정이 없었다면 나 역시 바깥세상에 나설 결심을 더디 했을지도 모른다.

엄마, 여행의 키워드로 사회를 바라보려는 노력을 마음속에만 꼭꼭 묵혀 뒀었다. 이를 꺼내기로 결심한 데는 내가 그러했듯이, 나의 글쓰기가 한 사람에게라도 동력이나 자극이 되기를 바라는 마음에 있다. 그리하여 나는 계속 쓰고 말할 것이다.

epilogue

마르디 히말,
다시 찾은
히 말 라 야

손끝이 또 갈라졌다. 기억은 때로 흔적으로 몸에 남는
다. 건조하고 시린 히말라야의 기운은 살결마다 거친 골을 새겼
다. 랑탕 트레킹을 다녀와서도 그랬다. 갈라진 손끝이 아물 무
렵, 이번에는 왼쪽 엄지발톱이 벌떡 들렸다. 트레킹 하산 길에
검은빛을 띠기 시작했던 발톱이었다. 별 통증이 없어서 시간이
지나면 제 색을 찾겠거니 대수롭지 않게 여겼는데 어느 날 발톱
이 일어났다. 보이지 않았을 뿐, 속에서는 새 살이 돋아나 쭉정
이를 밀어내며 제 존재를 키워가고 있었던 것이다. 마치 히말라
야에 대한 기억처럼.

그리움은 알아차리지도 못하게 가슴 깊은 곳에서부터 밀고
와 몸집을 키운 다음에야 불쑥불쑥 모습을 드러냈다. 추위가 다

가오고 바람이 차가워질수록 진폭의 출현이 잦아지고 몸집은 커졌다. 삶이 숨 가쁠 때면 어김없이 히말라야의 하늘과 공기, 바람이 떠올랐다. 그곳에 가면 가슴이 트일 것만 같은 착각은 일상을 버틸 힘이었다.

왜 히말라야일까?

도돌이표처럼 돌아온 물음은 몇 번의 겨울이 오고 가는 동안 이어졌다. 히말라야만큼 각인될 여행지가 없어서였을까? 그렇 지는 않다. 히말라야를 다녀온 뒤 여러 방식으로 여행에 도전했 다. 처음으로 엄마를 모시고 둘이서 1박 2일 여행을 다녀왔고, 태평양전쟁의 상흔과 일본군 위안부의 흔적이 남아 있는 오키 나와를 찾아 전쟁과 여성, 그리고 여행을 기록하는 작업에도 참 여했다. 초등생이 된 아이와 캠핑카로 뉴질랜드를 가로질렀다. 한국과 자연환경이 사뭇 다른 데다 다양성이 보다 존중받고 이 방인에게 환대의 시선을 가진 사회이기에 선택한 곳이었다. 당 시 한창 어두운 터널을 통과 중이던 아이와 나는 한결 치유 받 았다. 그런데도 히말라야를 향한 갈증은 해소되지 않았다.

그리고 다시 겨울은 찾아왔다. 친구의 기일을 며칠 앞두고 결국 나는 다시 배낭을 꾸렸다.

히말라야로 떠나기 전날 국회의사당 앞에 서 있었다. 거리를 지나는 이들과 영상을 보고 있을 사람들을 향해 다른 활동가들과 3일째 말하기를 이어가는 중이었다. 살을 에는 추위는 좀체 적응되지 않았다. 실시간 방송을 위해 세워둔 휴대전화와 거치대가 거센 바람에 계속 넘어졌다. 마이크를 쥔 손에 감각이 사라지고 입이 얼어붙었다. 생각과 말은 자주 멈췄다. 국회 역시 멈춰있었다.

예정대로라면 본회의가 진행될 시기였다. 그러나 제1야당은 무기한 필리버스터(의사진행방해)를 선언했다. 본회의에 부의된 법안 199건 전체가 필리버스터 대상이었다. 이 중 26건은 자당 의원이 대표 발의한 법안이었고, 76건은 여야 합의를 이미 마친 상태였는데도 말이다. 본회의 기간을 넘기면 많은 이들의 노력과 눈물이 담긴 법안들이 빛도 보지 못한 채 임기 만료로 폐기될지 모를 일이었다. 본회의에 오르기까지 단체 회원들의 숱한 노력이 담겼던 '유치원 3법', '어린이생명안전법안' 등도 마찬가지였다. 그동안 정치권이 눈감아 온 사립유치원 비리 문제를 바로 잡으려는 양육자들의 자발적 참여와 변화 의지를 무참하게 지워버릴 수는 없었다. 법과 제도의 미비로 안타까운 생명을 잃어야 했기에 더 이상의 희생을 막으려는 최소한의 장치를 마련하자는 거였다.

자칫 수포로 돌아갈지 모른다는 절망이 밀려왔다. 뭐라도 해야 했다. 가만히 있을 수 없어 마이크를 잡고 나섰다. 무명의 인디밴드가 목소리를 들려주기 위해 버스킹에 나서듯, 힘을 얻으려면 거리로 나가야 한다는 생각에 필리버스킹(필리버스터+버스킹)을 시작했지만 과정이 녹록하지 않았다. 활동가 대부분이 양육 당사자인 단체가 활동하는 데 있어 가장 아쉬운 게 '시간'인데, 그 시간을 전적으로 쏟아내야 하는 일이었기 때문이다.

사흘이 지났다. 다음날 나는 히말라야에 가야 했다. 추위에 선 동료들을 두고. 뭐라도 하자는 회원들의 의견에 동조하기보다 침묵했어야 했다는 늦은 후회와 그게 아니라면 떠나지를 말아야 한다는 경고로 마음이 갈래를 쳤다. 몇 달 전 미리 세워둔 계획은 예측할 수 없는 국회 상황에 흔들렸고, 선택의 결과는 내 몫으로 남았다.

그래도 가야만 했다. 그게 결론이었다. 죄책감이 몰아쳤다. 동시에 지금 나의 마음을 설명한들 누구도 이해할 수는 없을 거라는 외로움과 고립감이 밀려들었다. 함께였지만 또 혼자일 수

밖에 없었다.

각자의 실존에서 각자의 문제를 홀로 떠안고 산다지만 그 무렵 나는 자포자기의 마음이 컸다.

단체는 그간 많은 변화를 끌어냈고 함께할 수 있어서 자랑스러웠다. 특히 돌봄의 사회적 책임성을 높이고 양육자에게 자녀를 돌볼 시간을 줘야 한다고 강조했다. 많은 이들이 공감했다. 그러나 과도한 노동시간에 내몰리는 배우자와 돌봄, 가사노동 등 다중고에 놓인 나의 일상은 달라진 게 없었다. 노년에도 생계를 위해 일을 놓지 못하는 부모님, 특히 엄마의 고달픔을 바라보기만 해야 하는 무기력은 또 어떤가.

생업과 단체 활동을 병행하겠다는 의지는 현실 앞에 무력했다. 일에 대한 평가를 자신에 대한 평가로 완벽하게 일치시키는 유형이라서, 활동에 적극적으로 나서지 못하는 상황이 거듭될수록 인정받지 못한다는 불안감이 밀려들었다.

주요 현장마다 함께 서지 못하는 내가 과연 활동가라 할 수 있나? 매번 세세히 파악하기 힘든 일들을 어디까지 알아야 하고, 어디까지 놓아야 할까? 나를 무책임하다고 여기지는 않을까?...

몇 달 동안 임금 노동자로 일했던 기간에는 일터에서 돌아와 아이를 챙기고, 집안일을 마친 다음 늦은 밤이 돼서야 단체 현안을 확인하고 생각을 정리하면서 내 몫으로 주어지는 기고 등을 써 내려갔다. 잠은 계속 줄여야 했고 아예 밤을 새우는 날들도 이어졌다. 점심시간을 통째로 내어 끼니를 거른 채 원고를 쓰거나 인터뷰를 준비하기도 했다. 주말에도 가족과 함께 시간을 보내지 못하고 단체 일을 했지만 할 일은 계속 쌓였다. 출근해서는 오전부터 밀려드는 졸음을 정신력으로 이기려고 애썼다. 결국 건강에 적신호가 나타났다. 두통이 가시지 않고 몸이 계속 부었다. 그런데도 병원에 다녀올 시간이 없었다.

설상가상 아이마저 힘들어했다. 방과 후 교실이나 학원 수업으로 엄마 없는 시간을 채우고 싶지 않다는 의사를 존중했지만, 어린아이가 몇 시간 혼자서 집에 있는 내내 좌불안석이었다. 외국이라면 방임으로 처벌받을 일이라고 생각하면서도 뾰족한 수가 없었다.

항상 괜찮다고 말했던 아이는 그간 떨어져 본 적 없던 엄마의 빈자리와 따돌림을 경험하며 틱 증상을 보였다. 나를 가장 고통스럽게 한 것은 아이가 어려운 상황에 부닥쳐있음을 주변 양육자들은 이미 알고 있었음에도 나와 공유하지 않았다는 사

실이었다. 배신감과 분노, 아이를 향한 죄책감 속에서 번아웃이
찾아왔다.

"매 순간 최선을 다해 번아웃되지 않고 최선 직전에서 어슬렁
거리며 간보기, 준최선으로 비벼보기, 멀리 봤을 때 최선보다 준
최선이 가성비가 더 좋을지도 모른다"

- 문보영, 《준최선의 롱런》

히말라야는 최선을 다한다고 모두가 알아주는 것은 아니며,
최선만이 해답은 아니니 이제는 자신을 돌보자고 다짐하기 위
한 장소가 됐다. 앞선 랑탕행이 불안에 맞서는 용기, 느슨한 연
대를 향한 여정이었다면 두 번째는 침잠이 목표였다. 입과 귀를
닫고 내 안으로만 파고들어 꼬치를 트는 시간이 필요했다. 제법
단단해진 줄 알았지만 여전히 약하고 헝클어진 마음을 도닥이
고 싶었다.

각오는 했지만 다시 걷는 일은 고단했다. 마르디히말(Mardi
Himal) 트레킹 코스는 아무도 오르지 못했다는 마차푸차레를
가장 가까이서 볼 수 있는 길이다. 시바 신이 산다고 여기는 마
차푸차레는 등반을 시도했던 이들 모두 살아 돌아오지 못했고,

네팔 정부에서도 입산을 금지해 누구도 오를 수 없는 산이 됐
다.

포카라 공항에서부터 보이기 시작한 마차푸차레는 고도를
높일수록 점점 선명하고 웅장한 모습을 드러냈다. 상대적으로
덜 알려졌던 마르디히말 트레킹은 최근 찾는 이들이 늘면서 로
지의 숫자에도 영향을 미치고 있단다. 멋진 광경에 탄복하면서
도 환경이 훼손될까 두려운 마음으로 가파른 언덕길을 오르니
구름의 언덕이 기다리고 있었다. 바덜단다(3,210m). 발아래 놓
은 구름을 보며 친구를 떠올렸다.

해원. 원통함을 덜어내는 행위라지만 내게는 죄책감을 덜어
내는 일이기도 했다. 친구의 죽음 이후 히말라야는 내게 해원의
수단이었음을 이제야 알겠다.
남겨진 이는 뭐라도 해야 한다. 죽음과 상실을 감내하고 살
아내야 하기 때문이다. 사랑하는 이의 부재를 견디고, 사랑하는
이가 나를 필요로 했던 순간에 함께 하지 못했다는 상실을 이겨
내려면 무엇이라도 해야만 무너지지 않을 수 있다. 그래서 나는
히말라야를, 걷기를, 고산을 붙잡고 있었던 것 같다. 그러나, 지

연된 애도를 이제는 풀어 놓아야 했다. 또다시 겨울이 되면 끝없는 슬픔이 나를 짓누르겠지만, 조금씩 덜어내는 방법 역시 찾아갈 것이다. 버릴 것은 버려가며. 빈 곳을 채워가며.

하산 길 '간드룩' 마을에서 낮게 울려 퍼지는 독경 소리에 눈을 떴다. 마을 전체에 '옴마니반메훔(Om Mani Panme Hum)'이 가득했다. 오래 전 티베트에서 터전을 옮겨온 이들이 하루를 여는 일상이었다. 관세음보살의 자비로 번뇌와 죄악이 소멸하고, 온갖 지혜와 공덕을 갖추게 된다는 여섯 자 진언이 불쑥 내게 다가왔다. 해원에 단계가 있다면 나는 막바지쯤 와 있는 게 아닐까 생각하면서.

여행은 짧고 다시 마주한 일상은 길다. 남은 여행 기간 내가 할 일은 일상을 버틸 힘을 찾는 것이었다. 트레킹을 마치고 내려와 포카라에 닿자마자 한국에서 받고 온 건강검진 결과를 전화로 통보받았다. 부실함의 총체였다. 앞으로는 정신보다 몸 쓰는 삶을 살아야겠다고 다짐했다.

정신이 몸을 지배하는 것이 아니라 오히려 반대임을, 이제는 안다. 몸이 건강해야 정신도 건강해진다. 그래서 배가 고프면 먹고, 졸음이 몰려오면 자야 한다. 잠은 줄일수록 수명도 준다는 경고를 이제 받아들이기로 했다. 몸 쓰는 삶을 위해서라도, 나는 계속 걷는 사람일 것이다.

네팔을 떠나는 날이 됐다. 벅터 씨는 이번에도 공항까지 와 카타를 직접 목에 걸어주며 건강과 축복을 기원해줬다. 최근 안타까운 사고로 가까운 이를 멀리 떠나보내고 건강마저 악화된 그였기에 나 역시 같은 마음으로 그의 안위를, 그와 주변이 더는 변하지 않기를 기도했다.

늦은 밤에도 트리부반 국제공항은 분주했다. 출국을 기다리는 이들로 공항이 가득 찼다. 항공편을 알리는 전광판에 불이 들어오고 한 무리의 청년들이 줄지어 일어섰다. 행선지를 바라보니 아랍에미리트 수도 '아부다비'다. 돈을 벌기 위해 설산의 나라에서 사막의 땅으로 떠나는 이들을 바라보며 변하는 것과 변하지 않는 것들 사이에 선 나를 돌아봤다.

한국으로 다시 돌아가는 길이 두렵지는 않았다. 누군가의 활동으로 사회는 조금씩이라도 변할 것이다. 아무도 나서지 않는다면 사회는 결코 바뀔 리가 없다. 나의 노력 역시 변화를 이끄는데 뭐라도 기여했을 거라고 긍정했다. 앞으로도 기꺼이 내 몫을 해가겠다 다짐했다.

히말라야는 '바람 길'이었다. 구석에 웅크리고 숨으려고 들면 자꾸 바깥 공기를 불어 넣으며 세상과 이어주는 통로였다. 그렇게 스쳐 지났다가 또다시 찾아든다. 바람은 이제는 나처럼 가벼워져도 된다고, 앞으로 마주할지 모를 상념들도 한들한들 가벼이 삶을 지나칠 거라고 말하는 것 같았다. 다시 히말라야를 찾아올 때는 짊어진 무게도, 남길 흔적도 바람처럼 가져가라는 당부와 함께.

불안이 일상을 짓누르는 요즘, 모두에게 소망한다.

"그물에 걸리지 않는 바람처럼 불안과 좌절에 걸리지 않기를."

운　　희　　가
집　　　　을
떠　　났　　다

"어딜 가겠다고? 네팔? 히말라야 트레킹?"

운희가 처음 히말라야 여행을 말했을 때 우선 말문이 막혔다. 그리고 가슴이 답답해졌다. 이성이 재촉했다. 직장생활을 하며 지난 15년 동안 수십 차례 인도를 오고 간 경험에 비추어 합리적인 이유를 찾아 무조건 말리라고.

인도, 네팔, 스리랑카, 방글라데시, 파키스탄은 엄연한 개별 주권국가이지만 내게는 인도와 '인도의 주변국'으로 인식된다. 그중 사회적 인프라는 인도가 단연 좋다. 그러나 인도만 하더라도 출장을 갈 때마다 최악의 교통 상황과 나쁜 대기 질, 중앙선을 무시하고 질주하는 교통 문화에 혀를 내두르게 된다. 그래도 인도는 값을 지불하면 컨디션 좋은 차량을 빌릴 수 있고, 호텔 같은 숙박시설도 훌륭하고, 조금은 과한 친절과 서비스가 존재해서 다른 불편함은 어느 정도 위안 삼을 수 있는 곳이다.

네팔은 인도보다 사회적 인프라나 지형 조건이 열악하다고 알고 있다. 예상컨대 차량을 이용한다면 중앙선을 무시한 채 달릴 것이고, 뒷좌석 안전벨트는 고장 난 채로 비탈길을 오르고 내릴 장면이 떠올랐다. 경험상 자본주의 생리에 익숙해진 이들에게 그런 논리가 잘 통하지 않는 곳은 불편하다. 비합리적인 상황은 몸과 마음으로 감내하거나 웃돈으로 해결해야 한다. 여성 인권이 낮은 사회문화적 배경도 불안했다.

그런 곳을 피부색마저 유독 하얀 운희가 혼자서, 첫 여행으로, 배낭을 메고 가겠다니. 게다가 이름만 들어도 아는 대형 여행사의 상품도 아니고, 공정여행의 일환으로 여성 포터들과 함께하는 산악 트레킹으로 말이다. 표정 관리가 힘들었던 건 나로서도 어쩔 수 없는 일이었다.

"그래서 여보, 히말라야 어디를 어떻게 가려는 거야?"

"랑탕이라는 곳이야. 지진으로 사라진 마을을 지나서 5,000m까지 서서히 트레킹 할 거야. 1월이라 춥겠지만 준비 잘하고 몸을 잘 만들면 나 할 수 있을 것 같아."

기억하기에 운희는 나를 안심시키기 위해 매우 조심스럽게, 천천히, 세세하게 자신의 계획을 이야기했다. 지진, 사라진 마을, 5,000m, 겨울, 여성만의. 그러나, 인도에서의 부정적 경험에만 매몰됐던 나는 듣고 싶은 키워드만 뽑아 남긴 채 이해의 문을 닫아 버렸다. 그리고는 쿨 한 척 "잘 준비해보라."고 했다. 그러나 운희는 이미 내 표정에서 속마음을 고스란히 보았을 것이다. 나는 몇 달간 그 대화를 묻어 두었고, 그녀는 묵묵히 준비했다.

아내와 나는 동갑내기다. 갓 직장생활을 시작한 우리는 모아둔 돈도 거의 없이 스물여덟 봄에 사랑과 열정만으로 결혼했다. 이후 삶의 희열과 위안을 서로 주고받으면서도 각자 지닌 사고의 틀과 생각의 흐름을 늘 확인하며 살았다. 운희는 결혼하고 십 년이 넘도록 가까운 일본조차 여행 가지 못했다. 취재를 위한 출장으로만 몇몇 나라를 다녀왔을 뿐, 우리의 모든 여가에 아이가 함께했다.

내가 만든 틀에 배우자를 가두지 않고, 그녀의 제안에 늘 긍정으로 응하며 살아왔다고 생각했다. 그것이 결혼생활에서 상대에 줄 수 있는 최선의 배려라고 여겼다.

하지만, 한겨울에 직접 배낭을 메고 히말라야를, 여성들로만 다녀오겠다는 계획은 흔쾌히 "다녀와."라고 하기엔 너무, 너무 셌다. "잘 준비하라."고 하면서도 지레 겁먹고 포기해주기를 바라는 마음이 더 컸다.

아내는 사전모임을 여러 차례 가졌다. 가끔은 모임 장소에 데려다주기도 했다. 대화를 이어갈수록 단단히 결심했다는 걸 알아차렸다. 그리고 단순한 의미의 여행이 아닌 무언가 확인해야 하는 목적이 있는 여정일 거라는 느낌을 받았다. 내가 갑자기 큰 병에 걸리지 않는 한 그녀의 계획을 돌이킬 수 없다는 것을 받아들여야 했다. 그러나 심술이 났다. 아직 일곱 살밖에 안 된 아이를 열흘 넘게 처형에게 맡기고 간다는 것도, 아내의 여행 일정 앞뒤로 나의 해외 출장 일정이 꽉 잡혀있어서 그 부담이 배가 되는 상황도 싫었다.

속이 끓었다. 야속했다.

운희가 마치 "10년 넘게 너를 참아주고 살았으면 됐잖아. 난 이제 자유를 위해서 내 마음 가는 대로 할 거야."라고 말하는 것만 같았다.

날 선 자격지심이라는 것도 알았지만 표현하지는 못했다. 혼자서 서운해하면서 그녀가 떠나는 날까지 여행 목적을 공감하지 못했다. 심적으로도 받아들이지 못했다. 내 그릇은 딱 그만큼 이었다. 그렇게 아내는 추웠던 2017년 1월, 네팔의 히말라야 랑탕으로 홀연히 떠났다.

이튿날, 아이를 지방에 있는 처형에게 데려다주고 집으로 돌아왔다. 썰렁한 거실에 섰다. 그리고 생각했다. 나도 자유다!

회사에서 점심시간에 여기저기 안부 전화를 했다. 술을 좋아하거나, 운희가 탐탁해 하지 않아 자주 보지 못했던 옛 친구나 동료들에게 "아내가 네팔에 가서 저녁에 시간이 많다."는 것을 알렸다. 그리고 엄청 쿨 한 남편인 척 나를 포장했다.

"대단하세요. 저라면 와이프 절대 안 보내요."
"아내 분이 부러워요."

돌아오는 반응들에 흐뭇했다. 직장 후배들 앞에서도 마찬가지였다. 지금 와서 말하지만 부끄럽다.

매일 회사, 집만 오가며 살던 사람이 갑자기 시간이 생겼다고 갑자기 잘 놀 수 있을 리 없었다. 결코, 쉬운 일이 아니었다. 일부러 야근하고 회사 근처에서 밥을 먹은 뒤 집에 돌아왔다. 어렵게 찾은 혼술 집에서 잠깐 고독한 척해보는 게 고작이었다. 그렇게 운희가 없는 보름을 온전하고 지루하게 나만의 시간으로 채웠다.

그리고 아내와 아이가 없는 집에 누워 간절한 마음으로 매일 밤 기도했다.

'짧은 시간이지만 부디 당신 인생에 쉼표가 되었으면 좋겠어. 그리고 랑탕의 차가운 바람이나 산자락에 걸린 별이 당신에게 행복에 가까워지는 길을 극적으로 알려줬으면 좋겠어. 그리고 나에게도 전해 주렴. 그럼 나도 더 행복할 수 있지 않을까?'

그녀는 떠나기 전 이렇게 말했었다.

"당신에게 정말 미안해. 당신 두고 나만 이렇게 가서 마음이 무거워. 지금은 당신과 같이 갈 수 없지만 당신을 마음에 담아 갈게. 내가 없는 시간이 당신에게도 의미 있기를 진심으로 바라고."

서울에서 직장 생활을 한 지 십 년이 됐지만 도무지 이 도시는 정이 들지 않았다. 다만 생계를 꾸려가야 하고, 아이를 길러야 하는 책임감으로 매일 아침 마을버스와 만원 지하철을 타고 자본 위계질서의 맨 꼭대기에 있는 지역으로 간다.

회사에서 열심히 일하고 어느 정도 인정도 받는 것 같지만 알고 있다. 필요에 의한 주고받음뿐이란 것을. 그곳에서 얻어지는 성취는 나의 삶을 궁극적으로 윤택하게 만들 수 없다는 것도.

행복하기 위해 일을 하고 사회적 관계를 맺고 있다고 생각하지만 사실은 육체적, 심리적 투쟁을 통해 불행할 조건들을 제거하려고 노력하거나, 발현되지 않도록 수치를 낮추고 있을 뿐이었다. 그러한 회피 조건들이 충족된다 해도 행복하거나 자유로워질 수는 없다. 다만 불행해지는 것을 늦추려고 발버둥 칠뿐이라는 걸 이 도시도 알고 나도 안다.

이런 평면적 사고를 하며 살아가는 나를 두고 《오래된 미래》의 헬레나 노르베리 호지처럼 히말라야로 떠난 아내와 내가 다른 시공간에 있는 것 같은 괴리감이 들었다. 생각이 바닥까지 이르자 서운했던 마음도 차분해지기 시작했다.

'그래, 당신이 그런 용기를 내서 다행이다. 나와 이곳을 잠시 떠나 큰 숨을 들이쉬면 몸과 마음이 제자리로 돌아올 수도 있겠지. 그리고 당신이 확인하려 했던 것에 대한 답을 꼭 찾았으면.'

어느덧 운희가 히말라야를 다녀온 지 3년이 지났다. 지난 수개월 동안 그 여행을 기억하고 정리하기 위해 날을 새는 그녀를 보며 나 역시 그 때의 생각의 꼬리를 다시 물어본다.

'지금 무슨 생각을 하니? 지금 넌 얼마나 자유로워졌니?'

나의 행동과 사유는 여전히 진부하다. 랑탕의 하늘이 아내에게 놀라운 행복의 비결을 알려준 것 같지도 않다. 운희는 그냥 예전 그대로의 모습으로 나를 사랑하고, 우리는 오늘도 서로 갈등하고 풀어간다.

그녀의 비움이 선사한 시간 동안 정리된 생각이 있다. 남편인 내가 아내를 행복하게 해줄 수 있다고 생각하고 행동하는 것은 오만일 수 있고, 내 삶을 소진하는 일일 수 있다는 것. 다만, 내가 할 수 있는 건 그저 그녀가 스스로 목적을 찾기 위해 사유할 수 있도록 심리적 공간을 만들어 주고 더는 욕심내지 않는 일이라는 것.

아주 많이 늦었지만 당신의 용기 있는 도전에, 내가 낼 수 있는 가장 큰 박수를 보낸다.

2020년 1월 늦은 밤.

인도 찬디가르에서 겸.

special 2

여 전 히
몰 랐 던
엄 마 들
세   상

신혼 때 아내와 가사 분담을 두고 투닥거리다가, "나도 열심히 도우려고 애쓰고 있다."는 말이 튀어나왔다. 그러자 아내는 "돕는 게 아니라 같이 하는 거!"라며 핀잔을 줬다. 개념이 아예 없었던 건 아니다. 성우로 일하면서 스크립트를 통해 여러 번 봤던 이슈다. 다만, 지식이 몸에 밴 습성을 이기지 못했을 뿐. 얼마 전, 우리의 첫 아이가 태어났고 육아는 집안일보다 더 큰 산이고, 양육자가 함께해야만 하는 일임을 이제는 잘 안다.

10년간 주변의 여러 여자 성우들이 엄마가 되었다. 임신 출산의 두려움에 부닥친 그들은 내 자리가 사라질지도 모른다는 또 다른 두려움까지 떠안고 있었다. 그러자니 어떻게든 공백기를 줄이고 싶어 했다. 출산 전엔 최후의 순간까지 마이크 앞에 섰고, 출산 후에는 가까스로 몸을 추스른 다음 일을 다시 시작했다는 연락을 돌렸다.

그렇게 집이 곧 일터인 '엄마 프리랜서 성우'는 언뜻 자유로워 보이지만, 사실 그만큼의 불안을 늘 안고 있다. 그러면서 이런 시선도 감내해야 한다. "따로 출퇴근이 없으니, 애 키우기 정말 좋은 직업이네요." 나 역시 결혼과 출산을 겪은 성우이지만, 한 번도 들어본 적 없는 표현이다.

히말라야. 굳이 그런 높은 산까지 오르려던 게 아니었는데도, 얼마나 많은 여성이 히말라야에 올라야만 하는 용기를 강요받는가. 남성 입장에서 세심하게 들여다보지 않으면 알아차리기 어렵다. 이 책을 지은 운희도 마찬가지다. 같은 대학 동아리 활동을 하며 나름 끈끈한 이해 혹은 유대가 형성돼 있다고 여겨 왔다. 그러나, 이 책을 읽으며 그에 대해, 아니 엄마들의 세상에 대해 몰랐던 점이 많았음을 새삼 알았다.

십여 년 전 운희의 결혼식에서 그가 잘 살기를 바라며 축가를 불렀다. 지금은 그가 잘 살고 있을 뿐 아니라 다른 사람들도 살리고 있다고 생각하게 되었다. 엄마들은 물론, 좀 더 많은 남편이 이 글을 읽고 눈이 밝아지기를 기대한다. 이 책이 길잡이가 돼 주리라 믿는다.

- 심규혁, 성우
  · 디즈니 〈어벤저스〉 시리즈 스파이더맨
  · 〈알라딘〉 알라딘
  · 〈시간을 달리는 소녀〉 치아키 역 등.

269

감사의 말

책이 나오기까지 의지했던 이들이 있습니다.

'기억의 시간을 걷다', '나의 히말라야'를 기획하고 기록을 남겨 온 아샤 님, 네팔을 향한 애정과 실천하는 삶에 존경을 보냅니다.

여자들의 여행 플랫폼 '여행여락'을 만났기에 엄마의 여행을 결심하고 실행하며 기록하는 일이 가능했습니다. 여행을 이야기하기 어려운 시절이지만, 곧 다시 놀라운 기획으로 마주하길 기대하며 응원합니다.

여정 기간 곁을 내어 주며 함께 했던 도반들, 가이드 벅터 씨와 포터 친구들 모두 고맙습니다. 주관적일 수밖에 없는 관점과 서술로 의도치 않게 상처를 드릴까 봐 조심스러웠습니다. 안전 거리를 확보하고자 최대한 노력했음을. 불편한 점이 있다면 넓게 이해해 주시기를 요청합니다.

'둥둥'. 언니는 나의 힘이자 심리적 곳간이야. 삼 년 먼저 세상에 나왔다는 이유로 부족한 동생을 항상 지지해주고 고비마다 버팀목이 되어줘서 한없이 고맙습니다.

"중요한 일을 하는데 돈으로 자존심을 굽혀서는 안 된다." 며 마흔이 된 딸에게 아직도 용돈을 쥐여 주는 우리 아버지, 고난을 헤쳐 온 강인한 힘과 무한한 사랑을 동시에 가르쳐준 어머니. 사랑합니다.

어느 날 운명처럼 다가와 달콤하고 고통스러운 책 쓰기의 기회를 안겨준 편집자님. 눈 밝은 당신이 있었기에 많은 일이 가능했습니다. 지지와 연대를 기억할게요.

시민단체 '정치하는엄마들'의 회원 언니들께도 미안함과 고마움을 동시에 전합니다. 사회적 모성의 기치 아래 같이 걸어준 언니들, 우리가 함께 행동하니 세상이 바뀌는 경험은 값진 자산이 됐습니다. 아울러 세상의 모든 엄마에게 애정과 존경을 보냅니다.

남편 겸, 글감이 된다면 자신의 흠결까지도 기꺼이 가져가라고 말해준 사람이 나의 배우자여서 얼마나 고마운지 모릅니다. 당신의 지지가 항상 나를 만듭니다.

글 쓰는 엄마는 좋지만 이제 원고는 그만 마무리했으면 좋겠다는 딸. 이제 우리 대탈출 놀이 실컷 하자고요. 너를 만나서 엄마의 생은 기쁨이었단다.

새벽 글쓰기의 친구이자 힘이 되어준 BTS와 그들의 모든 앨범, 그중에서 '네시(4 o'clock)'와 'EPILOGUE: Young Forever'를 통해 지지 받고 용기를 얻었습니다.

알음알음 응원해준 분들, 마지막으로 이 책을 펼친 당신에게 말하고 싶습니다.

모두가 덕분입니다. 떤야밧.

갈아엎고 다시 서는 달, 백운희 드림.

엄마, 히말라야는 왜 가?

ⓒ 백운희 2020

1판 1쇄 발행 2020년 11월 27일

지은이 | 백운희
펴낸이 | 정태준
편집장 | 자현
펴낸곳 | 책구름

디자인 | 정도원 (dowonjung2001@gmail.com)
마케팅 | 안세정·김라나

등록 | 제2019-000021호
주소 | 전라북도 전주시 덕진구 세병로 184, 1302동 1604호
전화 | 010-4455-0429
팩스 | 0303-3440-0429
이메일 | bookcloudpub@naver.com
포스트 | post.naver.com/bookcloudpub
블로그 | blog.naver.com/bookcloudpub
페이스북 | www.facebook.com/bookcloudpub
인스타그램 | www.instagram.com/bookcloudpub
ISBN | 979-11-968722-4-3 03910